紫丁香主要活性成分制备及抗氧化应激活性评价

刘香萍　著

中国农业大学出版社
·北京·

内容简介

全书共分七章，分别介绍了紫丁香、紫丁香苷、橄榄苦苷、羟基酪醇的以往研究概况，紫丁香中紫丁香苷、橄榄苦苷真空微波高效提取技术，紫丁香苷、橄榄苦苷大孔树脂分离技术，紫丁香苷、橄榄苦苷硅胶柱层析纯化，离子交换树脂水解橄榄苦苷制备羟基酪醇，羟基酪醇、橄榄苦苷对细胞氧化应激损伤的保护作用，结论等内容。

图书在版编目(CIP)数据

紫丁香主要活性成分制备及抗氧化应激活性评价/刘香萍著. —北京：中国农业大学出版社，2015.9

ISBN 978-7-5655-1220-9

Ⅰ.①紫… Ⅱ.①刘… Ⅲ.①丁香-苷-提取-研究 ②丁香-苷-应用-抗氧化(运动生物化学)-研究 Ⅳ.①Q949.762 ②Q946.83 ③G804.7

中国版本图书馆 CIP 数据核字(2015)第 085654 号

书　　名　紫丁香主要活性成分制备及抗氧化应激活性评价

作　　者　刘香萍　著

策划编辑　赵　中　　**责任编辑**　洪重光
封面设计　郑　川　　**责任校对**　王晓凤
出版发行　中国农业大学出版社
社　　址　北京市海淀区圆明园西路 2 号　　**邮政编码**　100193
电　　话　发行部 010-62818525，8625　　读者服务部 010-62732336
　　　　　　编辑部 010-62732617，2618　　出　版　部 010-62733440
网　　址　http://www.cau.edu.cn/caup　　**e-mail** cbsszs@cau.edu.cn
经　　销　新华书店
印　　刷　涿州市星河印刷有限公司
版　　次　2015 年 9 月第 1 版　2015 年 9 月第 1 次印刷
规　　格　787×1 092　16 开本　9.25 印张　117 千字
定　　价　26.00 元

前 言

紫丁香为我国北方常见园林绿化树种，分布于我国西南、华北、东北大部分地区。在中国已有 1 000 多年的栽培历史，现已成为庭园中著名的花木。

自古以来民间就用紫丁香治疗腹泻、肝炎等疾病。其茎内紫丁香苷、橄榄苦苷等活性成分含量丰富，且橄榄苦苷还可通过水解进一步形成羟基酪醇(HT)。HT 作为一种抗氧化性极强的天然植物活性成分，被广泛应用于食品、化妆品、保健品、医药等领域。以往其主要来自于橄榄压榨厂废水或从橄榄果汁中提取，原料有限且将其从众多的酚类化合物中分离出来至今仍是个难题。

针对紫丁香中活性成分含量丰富，但开发利用严重滞后的问题，作者在黑龙江省教育厅项目的大力支持下，针对此方面进行了多年的研究。采用新型提取分离技术从紫丁香茎中制备紫丁香苷、橄榄苦苷，并对分离出的橄榄苦苷采用离子交换树脂作为固体酸水解制备羟基酪醇，开辟了这几种活性成分的新型制备途径，且所采用的离子交换树脂水解技术替代了传统的无机酸水解工艺，使过程更清洁，污染降低。在此基础上总结撰写了《紫丁香主要活性成分制备及抗氧化应激活性评价》一书，希望通过此书使广大读者对紫丁香中两种主要的活性成分的提取分离与进一步的开发利用技术有更深入的理解和认识，也希望更多从事此方面研究的科研人员和生产人员对紫丁香中所含的活性成分引起足够重视，投入更多的科研和生产力量，为紫丁香的大力开发和合理利用做出更大的贡献。

全书共分七章，分别介绍了紫丁香、紫丁香苷、橄榄苦苷、羟基酪醇的以往研究概况；紫丁香中紫丁香苷、橄榄苦苷真空微波高效提取技术；紫丁香苷、橄榄苦苷大孔树脂分离技术；紫丁香苷、橄榄苦苷硅胶柱层析纯化；离子交换树脂水解橄榄苦苷制备羟基酪醇；羟基酪醇、橄榄苦苷对细胞氧化应激损伤的保护作用；结论等内容。

本书的撰写将对紫丁香资源的进一步开发利用具有现实的指导意义。

此书的出版凝聚着作者辛勤的心血与汗水，几经易稿方成今日著作。但由于成书时间仓促，加之作者水平有限，书中难免有疏漏和不当之处，恳请广大读者批评指正。

本书相关内容的研究以及书稿的出版得到了黑龙江省教育厅的资金支持，在此表示感谢！

作　者

2015 年 8 月于大庆

目　录

1 绪　　论

1.1 紫丁香研究概况

1.1.1 紫丁香植物学特性

紫丁香(*Syringa oblata* Lindl.)(图 1-1)系木犀科(Oleaceae)丁香属(*Syringa*)植物,为落叶灌木,高可达 5 m。枝条粗壮无毛。树皮灰褐色,有浅沟裂,枝为假二叉分枝,幼枝较粗壮。单叶对生,叶片表面深绿色,背面淡绿色,中脉在背面稍突起,侧脉不突起,叶柄长 1～3 cm,叶广卵形,通常宽度大于长度,宽 5～10 cm,端锐尖,基心形或截形,全缘,两

图 1-1　紫丁香

Fig. 1-1　*Syringa oblata* Lindl.

面无毛。圆锥花序直立，近球形或长圆形，长 4～16 cm；花萼钟状，有 4 齿，萼齿渐尖；花冠紫色，长 1.1～2 cm，花冠管圆柱形，端 4 裂开展，花药黄色，生于花冠筒中部或中上部。蒴果倒卵状椭圆形、卵形至长椭圆形，长 1～1.5 cm，宽 4～8 mm，先端长渐尖，平滑。花期 4～5 月，果期 6～10 月，成熟时为黄褐色[1]。

紫丁香地域分布广泛，分布于中国东北、华北、山东、陕西、甘肃、青海、四川等地区，朝鲜半岛也有分布。垂直分布在海拔 300～2 400 m，但以 1 200 m 以下生长良好。

1.1.2 紫丁香中的活性成分及其药理作用

紫丁香叶早已在民间被用于“抗菌消炎、清肝利胆”，民间用紫丁香茎皮治疗腹泻、肝炎等。其药用情况在《植物名实图考》中就有记载，可清热解毒、利湿退黄，主治急性痢疾、黄疸型肝炎、乙型肝炎、结膜炎等。《新华本草纲要》中记载紫丁香主治“急性黄疸型肝炎，外用抗菌，暴发性火眼，多种疮疡肿毒”。紫丁香鲜叶制成的溶液，对弗氏痢疾杆菌进行体外抑菌实验，效果较强。在民间用紫丁香叶煎剂治疗暴火眼和防治痢疾，既经济，又便于推广[2]。从 20 世纪 70～80 年代人们才开始用现代科学手段研究其结构及生物活性。现已从丁香属植物的树皮、叶和花等部位中分离出几十种化学成分，但是有关紫丁香的化学成分及其生物活性研究不多，进一步深入研究开发这一宝贵的药用资源具有重要的科学价值。

1.1.2.1 紫丁香叶中的活性成分及其药理作用

目前，关于紫丁香中化学成分的研究多集中于其叶片中所含化合物的分离鉴定及其生物活性方面。丁香叶具有广谱抗菌和抗病毒的作用，以其为原料生产的胶囊、片剂对治疗痢疾、急性黄疸性肝炎，均具有较好疗效。1982 年王丹丹等[3]就从紫丁香叶中分离出酪醇（tyrosol）、3，4-二羟基苯甲酸（3，4-dihydmxybenzoic acid）、3，4-二羟基苯乙醇(3,4-dihydmxyphenethy1)、反式对羟基肉桂酸(*E-p*-hydroxycinamic acid)等6种化合物。药理实验表明,丁香苦苷有较强的利胆作用,其他成分对金黄色葡萄球菌和痢疾杆菌等均有不同程度的抑制作用。其中,3,4-二羟基苯乙醇的抑菌活性最强。吉林大学魏征骥[4]从紫丁香叶中分离得到10个单体化合物,依据理化性质、光谱分析(^{1}HNMR、^{13}CNMR、HMBC等)及化学方法,鉴定了其中6个化合物,分别为羽扇豆烷三萜类化合物lup-20(29)-en-3-one(L-9)、双环辛烷木质素类化合物紫丁香木质素苷A(L-6)、苯并二氧六环双环辛烷木质素类化合物紫丁香木质素苷B(L-162)、正二十九烷(L-12)、4-甲基-12-羟基二十三烷醇(L-2)和4,19-二甲基-12,13-二羟基二十二烷(L-7)。同时对紫丁香叶总皂苷分别进行了利胆和抗*D*-氨基半乳糖对小鼠肝损伤实验。实验结果表明紫丁香叶总皂苷具有较强的利胆作用及明显地抗击化学药物致肝损伤的作用,对小鼠肝脏具有较好的保护作用。卢丹等[5]在对紫丁香的化学成分研究中首次从该植物中获得黄柏内酯、芒柄花素、丁香酯素、呋喃甲酸等新化合物;对紫丁香乙酸乙酯提取物的生物活性研究表明:对CCl_4所致小鼠肝损伤有一定的保护作用,并能明显提高小鼠非特异性免疫功能。郝婷婷[6]以紫丁香的叶为原料,采用中药化学研究方法,结合药理模型,筛选出治疗肝炎的有效部位,并对有效部位做进一步的提取分离和纯化研究。周业明[7]对紫丁香叶的水煮醇沉的醇溶物进行了化学分离,共得到了15个化合物。根据化合物的理化性质和光谱数据确定了其中丁香脂素、丁香苦苷、酪醇等11个化合物的结构。李全等[8]从紫丁香叶中分离得到8个化合物,分别鉴定为:7-methyl-1-oxo-octahydro-cyclopenta[c]pyran-4-carboxylic acid(Ⅰ)、7-羟基-6-甲氧基香豆素(莨菪亭)(Ⅱ)、5,7,4′-三羟基黄酮(芹菜素)(Ⅲ)、白桦酸(Ⅳ)、乌苏酸(Ⅴ)、19*α*-羟基乌苏酸(Ⅵ)、3-甲氧基-4-羟基苯甲酸(Ⅶ)、胡萝卜苷(Ⅷ)。

从紫丁香叶中分离得到的化合物详见表1-1。

表 1-1　从紫丁香叶中分离得到的化合物

Table 1-1　The compounds from leaves of *Syringa oblata* Lindl.

序号	化合物英文名称	化合物中文名称	分子式	文献
1	*D*-mannitol	*D*-甘露醇	$C_6H_{14}O_6$	[3] [5]
2	tyrosol	酪醇	$C_8H_{10}O_2$	[3][7]
3	trans-*p*-hydroxycinnamic acid	反式对羟基肉桂酸	$C_9H_8O_3$	[3]
4	hydroxytyrosol	3,4-二羟基苯乙醇(羟基酪醇)	$C_8H_{10}O_3$	[3]
5	3,4-dihydroxybenzoic acid	3,4-二羟基苯甲酸(原儿茶酸)	$(HO)_2C_6H_3COOH$	[3][7]
6	syringopicroside	丁香苦苷	$C_{24}H_{30}O_{11}$	[3][7]
7	lup-20(29)-en-3-one	羽扇豆烷型三萜		[4]
8	nonacosane	正二十九烷	$C_{29}H_{60}$	[4]
9	lilac lignin glycosides A	紫丁香木质素苷 A		[4]
10	lilac lignin glycosides B	紫丁香木质素苷 B		[4]
11	obakulactone	黄柏内酯	$C_{26}H_{30}O_8$	[5]
12	formononetin	芒柄花素	$C_{16}H_{12}O_4$	[5][7]
13	syringaresinol	丁香脂素		[5][7]

续表 1-1

序号	化合物英文名称	化合物中文名称	分子式	文献
14	2-furancarboxylic acid	呋喃甲酸	$C_5H_4O_3$	[5][7]
15	succinic acid	丁二酸	$C_4H_6O_4$	[5]
16	syringopicroside	丁香苦苷 A		[7]
17	mannitol	甘露醇	$C_6H_{14}O_6$	[7]
18	cyclohexanhexol	环己六醇	$C_6H_{12}O_6$	[7]
19	sitosterol	β-谷甾醇	$C_{29}H_{50}O$	[7]
20	scopoletin	7-羟基-6-甲氧基香豆素(莨菪亭)	$C_{10}H_8O_4$	[8]
21	apigenin	5,7,4′-三羟基黄酮(芹菜素)	$C_{15}H_{10}O_5$	[8]
22	betulinic acid	白桦酸	$C_{30}H_{48}O_3$	[8]
23	ursolic acid	乌苏酸	$C_{30}H_{48}O_3$	[8]
24	19α-hydroxy-ursolic acid	19α-羟基乌苏酸	$C_{30}H_{48}O_4$	[8]
25	4-hydroxy-3-methoxybenzoic acid	3-甲氧基-4-羟基苯甲酸	$C_8H_8O_4$	[8]
26	daucosterol	胡萝卜苷	$C_{35}H_{60}O_6$	[8]

胡桂清等[9]把紫丁香与其他六种有抗菌作用的植物做了比较研究，发现紫丁香对金黄色葡萄球菌、表皮葡萄球菌、肺炎杆菌、绿脓杆菌、伤寒杆菌、乙型副伤寒杆菌、宋内氏痢疾杆菌、变形杆菌有较强的抗菌作用，其中对金黄色葡萄球菌、表皮葡萄球菌和变形杆菌作用更为明显。紫丁香的抗菌作用效果好，毒副作用小。已制成商品畅销于国内外。

杨唯唯、邢美玉等[10-12]对紫丁香叶制剂进行抗 HSV-Ⅰ体外实验，其研究结果表明紫丁香叶制剂具有事实上的抗病毒作用。尤其药物浓度控制在 1.25%～2.5%，病毒攻击量控制在 9.2～92 $TCID_{50}$之间，保护作用更为明显，其杀病毒作用相当于西药对照组，且对人体多脏器均无毒副作用。薛俊玲等[13]以紫丁香叶为主药辅以甲氧苄氨嘧啶组成甲丁胶囊对腺病毒、副流感病毒、呼吸道合胞病毒和柯萨奇病毒所致细胞病变有抑制作用，但对肠道病毒所致细胞病变无明显影响。

此外，丁香叶的单方制剂（炎立消胶囊、炎立消微丸）具有良好的抗炎与镇痛作用。姜毓秀等[14]研究表明，炎立消胶囊对醋酸所致小鼠扭体疼痛有明显的抑制作用。

王峰等[15]将从民间发掘的丁香叶验方制成片剂，用于临床治疗急性黄疸性肝炎 434 例，取得良好效果。并对丁香叶片做了药理与毒理的实验研究，发现丁香叶对四氯化碳引起的肝损伤有保护作用，对其所致的 ALT 升高有治疗作用，并对四氯化碳引起的肝脏排泄功能的损伤有保护作用。通过对小鼠的急性、亚急性，对大鼠生长、ALT 和 BUN 的影响及组织学检查，说明丁香叶对心、肝、脾、肺和肾脏没有致病作用。还有研究表明丁香叶水煎剂具有增强小鼠机体的体液免疫功能，能促进小鼠脾脏溶血性空斑形成和特异性抗体-溶血素形成，同时可增加动物外周血内 B 细胞百分比[16]。

1.1.2.2 紫丁香茎中的活性成分及其药理作用

国内外对紫丁香的研究主要集中在树叶以及花蕾（挥发油）上，而对紫丁香茎的研究则较少。张树军[17]采用硅胶柱色谱和制备高效液相色谱等对紫丁香树皮的醋酸乙酯提取物进行分离,得到8个化合物,根据理化性质及波谱分析确定结构。鉴定为:羽扇豆酸(lupanic acid, Ⅰ)、齐墩果酸(oleandic acid, Ⅱ)、对羟基苯乙醇(*p*-hydroxy phenylethanol, Ⅲ)、3,4-二羟基苯乙醇(3,4-dihydroxy phenylethanol, Ⅳ)、橄榄苦苷(oleuropein, Ⅴ)、(8*E*)-gstroside(Ⅵ)、2-(3,4-二羟基)苯乙醇乙酸酯[2-(3,4-dihydroxy)phenyl ethyl acetate, Ⅶ]、七叶内酯(esculetin, Ⅷ)。随后,张军锋[18]又从紫丁香树皮中分离出(+)-lariciresinol、β-谷甾醇葡萄糖、3,4-二羟基苯乙醇、对羟基苯乙醇葡萄糖苷、3,4-二羟基苯乙醇葡萄糖苷、(8*E*)-nuzhenide等6个化合物。近来,又有学者[19]从紫丁香树枝中分离得到20个化合物,分别鉴定为橄榄苦苷、(8*E*)-ligstroside、对羟基苯乙醇乙酸酯等(表1-2)。

据地产植物志记载[20],民间用紫丁香茎皮治疗腹泻、肝炎,具有清热解毒,利湿,退黄等功效。李洪玲等[21]曾利用粉末制片法、石蜡切片法、荧光法、紫外吸收光谱法、薄层色谱法等对紫丁香茎皮进行了生药鉴别,为此种药材鉴别提供了依据。但关于紫丁香茎皮药理活性方面研究尚未见相关报道。

1.1.2.3 紫丁香中挥发性化学成分

紫丁香一直是调香的重要香型和原料。紫丁香花和叶具有浓郁的香气并含有挥发油[22],植物的不同部位挥发油含量各不相同。有关紫丁香花及叶的挥发油化学成分方面相关研究较多。

回瑞华等[23]用GC/MS法分别从紫丁香花和叶挥发油中分离并确定出16种和23种化学成分,并用峰面积归一化法得出各化学成分在挥发油中的相对百分含量,测得紫丁香花挥发油的含量为1.8%,紫丁香叶挥发油的含量为1.26%。

Zu-Guang Li等[24]利用顶空固相微萃取法对紫丁香不同花色和不同花期鲜花进行了精油提取,并利用GC/MS对精油成分进行了系列分析,结果表明紫丁香不同花期所提取的精油成分间有较大差异,紫丁香

表 1-2 从紫丁香茎中分离得到的化合物

Table 1-2 he compounds from stems of *Syringa oblata* Lindl.

序号	化合物英文名称	化合物中文名称	分子式	文献
1	lupanic acid	羽扇豆酸		[17]
2	oleandic acid	齐墩果酸	$C_{30}H_{48}O_3$	[17]
3	*p*-hydroxy phenylethanol	对羟基苯乙醇	$C_8H_{12}O_2$	[17]
4	3, 4-dihydroxy phenylethanol	3,4-二羟基苯乙醇(羟基酪醇)	$C_8H_{10}O_3$	[17][18]
5	oleuropein	橄榄苦苷	$C_{25}H_{32}O_{13}$	[17][19]
6	2-(3,4-dihydroxy)phenyl ethyl acetate	2-(3,4-二羟基) 苯乙醇乙酸酯		[17][19]
7	esculetin	七叶内酯	$C_9H_6O_4$	[17]
8	(+)-lariciresinol	落叶松树脂醇		[18][19]
9	hydroxyphenylethyl alcohol glucoside	对羟基苯乙醇葡萄糖苷	$C_{14}H_{20}O_8$	[18]
10	3,4-dihydroxyphenylethyl alcohol glucoside	3, 4-二羟基苯乙醇葡萄糖苷	$C_{14}H_{20}O_8$	[18]
11	(8*E*)-nuzhenide	女贞子苷	$C_{31}H_{42}O_{17}$	[18]
12	4-hydroxyphenethyl alcohol	对羟基苯乙醇(酪醇)	$C_8H_{10}O_2$	[19]
13	3,4-methylenedioxyphenol	3,4-亚甲基二氧苯酚	$C_7H_6O_3$	[19]
14	apigenin	芹菜素	$C_{15}H_{10}O_5$	[19]
15	(+)-pinoresinol	松脂醇	$C_{20}H_{36}O_2$	[19]
16	(+)-syringaresinol	(+)-丁香树脂酚	$C_{22}H_{26}O_8$	[19]
17	syringopicroside	丁香苦苷	$C_{24}H_{30}O_{11}$	[19]
18	syringin	丁香素(紫丁香苷)	$C_{17}H_{24}O_9$	[19]
19	daucosterol	胡萝卜苷	$C_{35}H_{60}O_6$	[19]

醇的四个同分异构体及紫丁香醛的四个同分异构体是紫丁香精油的特征成分。紫丁香盛花期精油主要成分见表 1-3。

表 1-3 紫丁香花、叶精油中所含主要化合物

Table 1-3 The main volatiles in flowers and leaves of *Syringa oblata* Lindl.

序号	化学成分	相对含量/%		文献
		花	叶	
1	环己烯-3-甲醛	3.13	2.46	[23]
2	紫丁香醛	18.05	12.60	[23]
3	丁香酚	15.29	12.81	[23]
4	胡薄荷酮	5.5	0.71	[23]
5	苯甲醇	1.64	15.98	[23]
6	依兰烯	32.44	1.97	[23]
7	青叶醇	—	17.51	[23]
8	橙花叔醇	3.02	2.36	[23]
9	β-蒎烯	0.98	2.95	[23][24]
10	香叶芳樟醇	—	2.15	[23]
11	α-蒎烯	2.86/0.36	12.50	[23][24]
12	桧烯	11.21	—	[24]
13	*D*-柠檬烯	1.50	—	[24]
14	桉油精	8.65	—	[24]
15	苯甲醛	1.6/0.61	2.4	[23][24]
16	芳樟醇	1.21	0.52	[23][24]
17	苯乙醛	18.29	—	[24]
18	紫丁香醛 B	17.28	—	[24]
19	紫丁香醛 A	13.52	—	[24]
20	紫丁香醛 C	4.87	—	[24]
21	紫丁香醛 D	5.38	—	[24]
22	紫丁香醇 A	3.30	—	[24]
23	紫丁香醇 B	0.64	—	[24]
233	紫丁香醇 C	0.57	—	[24]
25	*p*-Methoxyanisole	1.14	—	[24]
26	α-金合欢烯	3.45	—	[24]

1.2 紫丁香苷研究概况

紫丁香苷(Syringin)又名刺五加苷 B(Eleutheroside B),为刺五加(*Eleutherococcus senticosus* (Rupr. & Maxim.) Maxim.)的主要药用成分之一。其为苯丙素苷类化合物,分子式为:$C_{17}H_{24}O_9$,相对分子质量:372.37,其分子结构图如图 1-2 所示。

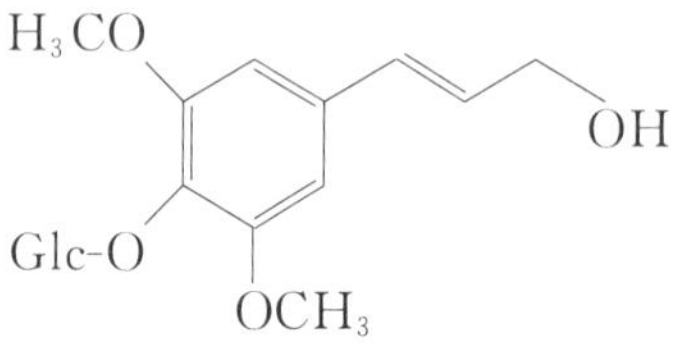

图 1-2 紫丁香苷分子结构图(Glc=β-吡喃葡萄糖基)

Fig. 1-2 Molecular structure of the syringin (Glc=β-glucopyranosyl)

目前紫丁香苷主要来源于刺五加,而刺五加为国家三级保护植物,其加工利用受到严格的限制。研究表明,紫丁香苷在紫丁香中的含量是刺五加的 2 倍以上,因此从紫丁香中分离紫丁香苷具有可行性且工业意义重大。

1.2.1 紫丁香苷提取分离研究概况

目前对紫丁香苷的研究主要集中于对刺五加及其他种属植物中紫丁香苷含量的测定[25-29]。也有研究者将水母雪莲细胞培养物作为生物反应器,培养生产紫丁香苷[30-32]。现将前人关于紫丁香苷提取分离方面的研究总结如下。

韩雪[33]分别对比了传统回流法、CO_2 超临界萃取法、超声波提取法三种不同提取方法对刺五加中紫丁香苷的提取效率,认为乙醇回流提取法操作简单,但所需时间较长且提取率低;CO_2 超临界萃取法所需时间较短，提取率适中，但由于操作压力较高，对设备要求高，且不适用于大规模的连续提取；超声波提取法，不仅提取时间短，能耗低，且产率最高，所以他认为超声波提取法为提取紫丁香苷的最佳实验方法。通过大孔吸附树脂纯化对粗提物进行了分离纯化，通过比较 5 种不同型号大孔吸附树脂的静态吸附率，确定 AB-8 型大孔吸附树脂为纯化紫丁香苷的最佳树脂，最佳纯化工艺条件选取为：上样液浓度 10 mg/mL，流速2 SV，调 pH＝6，用 60％乙醇溶液洗脱，洗脱剂用量 2 BV，洗脱剂流速 1.5 SV，精制后纯度为 67.71％。此外，高冷等[34]也对紫丁香苷的超声波提取条件进行了优化，最终确定紫丁香苷最佳提取条件为料液比为 1∶20，以水为浸提剂，时间 60 min，超声功率 650 W，此条件下的提取率为 3.68％。邵佳锋等[35]也曾考察了刺五加中紫丁香苷的大孔树脂分离纯化工艺，其研究确定的 AB-8 型大孔树脂纯化刺五加紫丁香苷条件为：取 0.5 g/mL 的刺五加提取液，以 2 BV/h 的流速缓慢通过 AB-8 型大孔树脂色谱柱，用 8 BV 蒸馏水以 2 BV/h 冲洗，继用 9 BV 的 30％乙醇洗脱，流速为 1 BV/h，收集洗脱液减压浓缩至干，即得刺五加提取物。李庆勇等[36]也对刺五加中紫丁香苷进行了分离提取，通过不同大孔树脂间比较研究，确定 NKA-Ⅱ型树脂为纯化紫丁香苷的最佳树脂。

早在 1984 年就有研究者采用硅胶柱干柱层析，梯度洗脱方法从刺五加根皮中分离得到紫丁香苷晶体[37]。后又有学者用 D101 型大孔树脂从刺五加浸提液中初步提纯丁香苷，再通过硅胶柱层析，氯仿甲醇梯度洗脱得纯品，并利用^{1}H NMR，^{13}C NMR 和^{2}D NMR 等谱学方法对其^{1}H 和^{13}C 谱数据进行了明确归属[38]。

除采用大孔树脂分离技术分离纯化紫丁香苷外，还有学者[39]采用高速逆流色谱技术（HSCCC）对结香（*Edgeworthia chrysantha* Lindl）树皮中的紫丁香苷进行了分离纯化。其两相溶剂采用乙酸乙酯∶乙醇∶水的溶剂间最佳体积比 15∶1∶15。得到的紫丁香苷纯度大于 96％。

1.2.2 紫丁香苷药理活性研究概况

1.2.2.1 紫丁香苷调节机体免疫活性

Kapil 等[40]从印度传统植物心叶青牛胆(*Tinospora cordifolia*)中分离得到紫丁香苷,并对其进行了抗补体活性、体外免疫活性检测。结果表明,紫丁香苷通过抑制补体经典激活途径-C3 转化酶,从而实现其抗补体活性。同时,其导致血浆中 IgG 抗体显著增加,机体体液及细胞免疫活性呈剂量依赖性增加,显示其具有显著的免疫调节活性。因此,可用其治疗炎症、补体失调症、肿瘤细胞以及其他免疫性疾病。

CHO 等研究者[41]通过一系列体内外实验进一步检测了紫丁香苷的免疫调节活性。结果表明,紫丁香苷可显著抑制肿瘤坏死因子(TNF-α)及细胞毒性 T 细胞(CTL)的增殖。且可显著抑制由异硫氰酸荧光素(fluorescein isothiocyanate,FITC)所致的小鼠耳部水肿。由此认为,紫丁香苷之所以具有免疫调节活性是由于其所具有的抗变态反应活性,而非其抗炎活性。

国内也有研究[42]表明,紫丁香苷可增强小鼠的迟发型变态反应,还可提高小鼠的抗体生成细胞数以及单核-巨噬细胞碳廓清能力,从而进一步阐明其免疫调节机制。

1.2.2.2 紫丁香苷降糖活性

早在 1986 年就有学者指出,刺五加中所含有的紫丁香苷对正常老鼠及四氧嘧啶诱导的高糖鼠均具有显著的降糖作用[43]。即其可直接降低机体血糖含量。

近来,又有研究者[44]对禁食大鼠进行静脉注射紫丁香苷,发现静脉注射后 60 min,大鼠血糖呈剂量依赖性降低。在血糖降低的同时,血液中胰岛素水平及 C 肽呈反向增加趋势。这是由于紫丁香苷作用于胆碱能神经终端,使其乙酰胆碱释放量增加,从而刺激胰细胞上的 M3 受体释放胰岛素，进而降低血糖浓度。因而，其有望成为新型胰岛素分泌促进剂，用于临床治疗Ⅱ型糖尿病。

还有学者[45]利用链脲霉素诱导糖尿病大鼠(STZ-diabetic rats)，作为Ⅰ型糖尿病动物模型，进一步研究紫丁香苷的抗高血糖作用机制。结果表明，紫丁香苷可通过提高造模大鼠血浆中β-内啡呔样免疫反应性进而降低造模大鼠的血糖浓度，此系列反应呈剂量依赖性。若将大鼠的双侧肾上腺切除，则紫丁香苷失去类似作用。同时，在阿片受体拮抗剂存在情况下，紫丁香苷也会同样失去作用。因此可以认为，紫丁香苷使胰岛素缺失糖尿病大鼠肾上腺髓质分泌β-内啡呔，进一步刺激外周的微阿片受体，进而使其血液中血糖浓度降低。

1.2.2.3 紫丁香苷抗炎活性

宋媛媛等[46]采用大鼠足跖皮内注射弗氏完全佐剂诱发大鼠佐剂性关节炎（AA）模型，研究紫丁香苷对AA大鼠的治疗作用及其机制。ConA和LPS诱导的AA大鼠脾淋巴细胞增殖反应明显低于正常大鼠，紫丁香苷可明显提高AA大鼠低下的脾淋巴细胞增殖反应和过低的IL-2水平，调节机体的免疫功能。同时AA大鼠腹腔巨噬细胞经LPS刺激后，产生的IL-1β、TNF-α水平明显升高，紫丁香苷可使其恢复正常。从而认为紫丁香苷对低下的免疫功能有增强作用，亢进的免疫功能有抑制作用。紫丁香苷对AA大鼠有治疗作用，其作用机制可能与改善AA大鼠异常的免疫功能，调节细胞因子的平衡有关。

Choi J. 等[47]从天女木兰(*Magnolia sieboldii*)茎皮中分离得到紫丁香苷，并对紫丁香苷及其水解物芥子醇(sinapyl alcohol)的抗炎、镇痛活性进行了研究。结果表明，紫丁香苷水解物芥子醇较紫丁香苷具有更为显著的降低炎症鼠的毛细血管通透性以及足跖水肿的作用。同时，止痛作用实验也表明芥子醇活性优于紫丁香苷。由此说明，紫丁香苷口服给药后所起的抗炎及镇痛作用很可能是由于其在动物体内首先水解为芥子醇，再进一步发挥作用的。

1.2.2.4 紫丁香苷抗氧化及抗肝毒活性

有学者[48]对五加科刺楸属植物刺楸(*Kalopanax pictus*)树皮中提取的紫丁香苷在小鼠体内的抗肝毒及抗氧化活性进行了研究。结果表明,紫丁香苷可显著抑制半乳糖胺(GaIN)所引起的血浆酶活性升高,且作用随剂量增加与给药时间延长而增强,表明紫丁香苷有保护肝脏免受 GaIN 损伤的作用。同时,紫丁香苷还对 GaIN 所以起的 MDA(丙二醛)升高有显著的抑制作用,以及明显升高 GaIN 所引起的细胞色素 P450、氨基吡啉-N 脱甲基酶(AD)和苯胺羟化酶(AH)活性下降 40%、52%和 41%。紫丁香苷可明显升高上述 3 种酶活性,使之趋于正常。由此认为,紫丁香苷是一种强的抗肝毒药物,其恢复微粒体酶系统的酶活性及抑制脂质过氧化作用可以促进肝毒物代谢并改善肝功能使之正常化。

1.2.2.5 紫丁香苷降血压活性

Mansoor Ahmad 等[49]对从欧丁香树皮中分离得到的紫丁香苷进行了降压活性研究。研究发现,通过静脉注射麻醉大鼠紫丁香苷可使其心脏收缩压、舒张压以及平均动脉血压均明显降低,同时稍高剂量还将导致心律下降。且紫丁香苷所产生的降压作用不受抗组胺剂或者抗毒蕈碱剂的阻抑。但紫丁香苷对去甲肾上腺素或颈动脉闭塞所引起的血压升高则无效。

1.2.2.6 紫丁香苷抗疲劳活性

李辰等[50]以小鼠负重游泳实验对刺五加粗体物的抗疲劳活性部位进行筛选,确定了抗疲劳活性部位,并从该部位中分离得到含量较高的紫丁香苷。可将其作为该活性部位的质量控制指标之一。

1.2.2.7 紫丁香苷抗农业害虫活性

Joanna 等[51]研究意外发现紫丁香苷具有抑制谷象、谷斑皮蠹、杂拟谷盗等谷物害虫采食的作用,是此类害虫较好的取食抑制剂。其认为紫丁香苷是原花青素的生物合成前体物,因此也具有类似原花青素样抑制害虫采食的屏障作用。

1.3 橄榄苦苷研究概况

橄榄苦苷(oleuropein)是一种无毒的裂环烯醚萜苷类化合物。裂环烯醚萜(secoiridoids)是环戊烷单萜衍生物中的一类化合物,由环烯醚萜类化合物裂环而成,只占环烯醚萜类的很少一部分[52]。橄榄苦苷分子(图 1-3)包含三个结构单元:一分子的多元酚——3,4-二羟基苯乙醇,即羟基酪醇;一分子裂环烯醚萜——橄榄酸;以及一分子葡萄糖。橄榄苦苷广泛存在于木犀科的木犀榄属、丁香属、女贞属以及龙胆目和山茱萸目等植物中[53,54]。

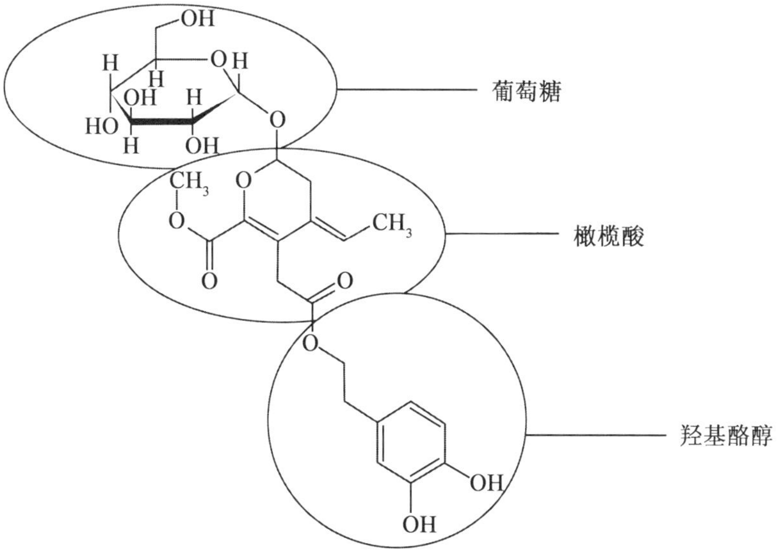

图 1-3 橄榄苦苷分子结构图

Fig. 1-3 Molecular structure of the oleuropein

1.3.1 橄榄苦苷提取分离研究概况

目前主要从油橄榄叶中分离橄榄苦苷。油橄榄主要分布于地中海国家，我国近年虽有引种，但资源量十分有限，因此从其他植物资源中进行橄榄苦苷制备的尝试具有重要意义。

王成章等[55]做了传统的热提取和超声波辅助提取油橄榄叶中橄榄苦苷的比较研究，结果表明热提取方法中，油橄榄叶中橄榄苦苷的得率为 10.41%；超声波提取中，橄榄苦苷的得率为 15.30%，远远大于热提取方式。经单因素实验与正交实验得出超声提取最佳提取条件为：提取溶剂 60%（体积分数）甲醇-水溶液，提取时间为每次 30 min，固液比为 1∶25（g∶mL）。党建章等[56]做了索氏提取、微波提取、超临界 CO_2 提取等橄榄苦苷提取方法的对比研究，并采用正交实验，对微波提取以及超临界提取的最佳条件进行了优化，最终认为微波法相较其他两种方法具有简便、快速、高效等优点。

此外，谢普军[57]等还做了超声提取油橄榄叶中橄榄苦苷的研究。在单因素实验的基础上，借助实验设计软件 Design-Export 8.0.4.1，利用 Box-Behnken 响应曲面法对影响橄榄苦苷提取率的主要影响因素进行了评价。应用响应面分析并结合实际操作条件，确定超声提取橄榄苦苷的最优条件为：提取温度为 51℃，超声功率 71 W，提取时间为 32 min。最近还有研究者采用低温减压沸腾法提取油橄榄叶中的橄榄苦苷。其理论基础为利用减压真空缺氧环境，有利于保护热敏性及易氧化物质，防止此类活性物质的分解及氧化且提取效率相对较高。通过单因素、正交实验及方差分析，低温减压沸腾提取橄榄苦苷的优化工艺为温度 60℃，时间 20 min，料液比 1∶30，85%乙醇，真空度 70 kPa，并在此优化条件下，橄榄苦苷提取得率为 5.90%。与传统提取和超声辅助提取方法相比，低温减压沸腾提取橄榄苦苷的得率为 5.90%，冷浸提为 4.67%，索氏提取为 5.71%，超声辅助提取为 6.03%，时间为冷浸提的

1/216,索氏提取的 1/9,超声辅助提取的 2/3 具有时间短、效率高等优点,具有良好的应用前景[58]。

在橄榄苦苷分离方面,党建章等[59]曾采用 D101 大孔树脂对橄榄叶中橄榄苦苷进行了粗分离。确定了橄榄苦苷的分离流程为:微波水提取所得橄榄苦苷水提液直接用 D101 大孔吸附脂静态吸附,水洗脱糖类等杂质,以 70%乙醇洗脱。最终 D101 大孔树脂可以将固体中橄榄苦苷的质量分数从 5%提高至 21.6%,回收率为 88.6%。此外,邓瑞雪等[60]对 6 种不同厂家、不同型号的大孔吸附树脂吸附橄榄苦苷能力进行了比较研究。结果表明,大孔吸附树脂 D101 对橄榄苦苷有较好的吸附量,同时可采用 40% 乙醇溶液作为解吸液对其解吸,平均吸附解吸收率在 95% 以上。经过大孔吸树脂 D101 吸附解吸后,经 HPLC 检测,测得橄榄苦苷的质量分数为 39.07%。Chen Li 等[61]也曾对 D101, DM130, HPD450, LSA-21, LSA-40, 07C, LSD001 以及 HPD600 等 8 种不同型号树脂同时分离橄榄叶中橄榄苦苷和总黄酮能力进行了考察。树脂静态吸附、解吸实验表明,8 种大孔树脂中 LSA-21 具有较好的吸附能力。与橄榄叶中含量比较,经大孔树脂 LSA-21 吸附、解吸后,总黄酮和橄榄苦苷含量分别提高 13.2 倍(16～211 g/kg)和 7.5 倍(120～902 g/kg),回收率分别为 87.9%和 85.6%。

1.3.2 橄榄苦苷活性研究概况

近年来,随着国内外学者对橄榄苦苷研究的不断深入,发现其具有许多药理活性见图 1-4,包括:抗氧化活性[63]、抗炎活性[64]、抗动脉粥样活性[65]、抗癌活性[66]、抗菌活性[67]、抗病毒活性[68]等,此外其还表现出对阿霉素所致心脏损害的保护作用[69]及降血脂[70]、降糖作用[71]。

1.3.2.1 抗氧化活性

橄榄苦苷对硫酸铜诱发的体外低密度脂蛋白(LDL)氧化模型的抑制作用显著,且呈剂量依赖关系[72,73]。据 De la Puerta 等报道[74],橄榄

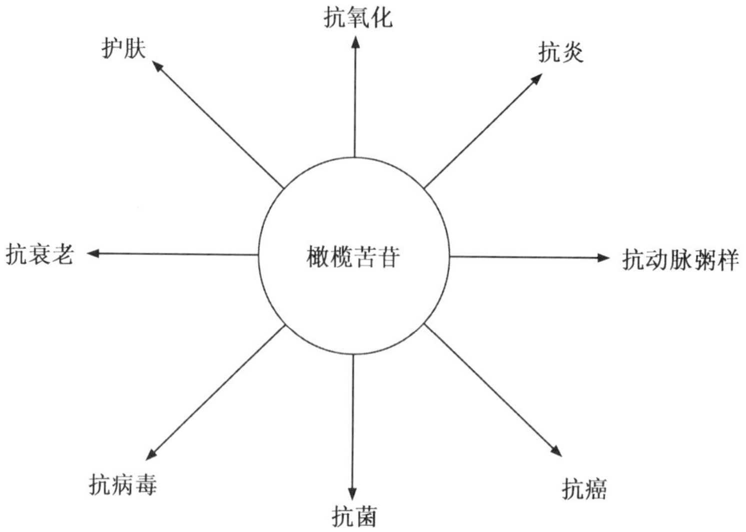

图 1-4　橄榄苦苷的药理作用[62]

Fig. 1-4　Pharmacological effects of oleuropein

苦苷具有清除 NO 以及促使细胞中诱生型一氧化氮合酶((iNOS)表达的作用。机体在炎症损伤时就会由损伤部位的中性粒细胞髓过氧化物酶释放氧化产物——次氯酸(HOCl),其将会对包括酶在内的蛋白质产生损害作用。而橄榄苦苷则对此过程所产生的次氯酸有较好的清除作用[73]。

Coni 等[75]曾对喂饲含有橄榄油及橄榄苦苷特殊饲料的兔子进行了相关研究。结果表明,橄榄苦苷可以提高兔子体内 LDL 的抗氧化能力,同时还可有效减少其血液中总胆固醇、游离胆固醇和胆固醇酯的含量水平。

此外,Manna 等[76]还对橄榄苦苷潜在保护离体大鼠心脏作用进行了研究。对离体大鼠心脏进行 30 min 全心缺血再灌注,收集不同时间段冠状动脉流出液,测定其中肌酸激酶、氧化型谷胱甘肽和还原型谷胱甘肽活性。并通过测定心肌中硫代巴比妥酸反应物浓度来评价脂质过氧化程度。在缺血前用 20 μg/g 橄榄苦苷处理大鼠,可引起肌酸激酶的显著下降以及灌流时还原型谷胱甘肽的释放。通过测量冠状动脉流出液中氧化型谷胱甘肽的释放研究了橄榄苦苷对缺血后氧化爆裂的保护作用,这是心脏接触氧化应激的一个敏感标志。用橄榄苦苷对缺血心脏进行预处理,则氧化型谷胱甘肽的释放大大减少。橄榄苦苷同时也能阻止膜脂质过氧化。报告数据提供了第一个实验性的证据,在冠状动脉闭塞后出现紧急情况时,橄榄苦苷具有直接的心脏保护作用,这可能是因为其具有抗氧化性能。研究者认为,通过此研究进一步证实了橄榄油的保健作用与其中所含有的橄榄苦苷衍生物有很大关系。

Ruíz-Gutiérrez 等[77]给予雄性 Wistar 大鼠剂量为 25 mg/kg 或 50 mg/kg 的橄榄苦苷 3 周,然后分析给药大鼠心脏样本的脂质成分、中性和极性脂肪酸的含量。并检测了心脏总血脂中橄榄苦苷、α-生育酚和 β-生育酚的含量。结果表明,橄榄苦苷可提高大鼠心脏中的胆固醇脂,同时降低甘油三酯、亚油酸的水平。

Speroni 等[78]利用化学发光分析法研究了橄榄苦苷的体内外抗氧化活性。无论是体外还是体内橄榄苦苷都表现出卓越的抗氧化能力,甚至强于阳性对照 Trolox(生育酚)。

1.3.2.2 抑菌活性

橄榄苦苷已被证实对革兰氏阳性菌、革兰氏阴性菌[79-81]以及支原体[82]均具有较强的抑制活性。其机理可能是具有橄榄苦苷相似酚类结构的物质通过破坏细菌膜结构或瓦解细胞肽聚糖,进而实现其抗菌活性的。有研究者曾采用生物物理分析来研究橄榄苦苷与膜脂质间的相互作用[83]。虽然有些研究者已指出橄榄苦苷的抗菌活性是因为其所具备的邻苯二酚结构,然而,其确切抗菌机制尚不明确[79]。2001 年,Saija 等[84]提出,是橄榄苦苷分子中的糖苷配体改变了其穿透细胞膜并到达靶点的能力,进而有效地干扰了微生物生长所需特定氨基酸的产生。另一可能机制为,橄榄苦苷直接刺激了微生物的免疫系统,使其产生吞噬作用。

橄榄苦苷及其水解产物可有效抑制金黄色葡萄球菌(*Staphylococcus aureus*)产生肠毒素 B,并抑制肠炎沙门氏菌(*Salmonella enteritidis*)的生长以及蜡样芽孢杆菌(*Bacillus cereus*)孢子的生长和繁殖[79-84]。

1.3.2.3 抗病毒活性

美国已有专利报道,橄榄苦苷具有有效的抗疱疹单核细胞增多症、肝炎病毒、轮状病毒、牛鼻病毒、犬细小病毒和猫白血病毒等多种病毒的活性[85]。已有研究表明橄榄苦苷具有显著的抗呼吸道合胞体病毒和副流感病毒 3 型活性[86]。

Micol 等[87]报道,橄榄苦苷在体外能抑制感染性病毒出血性败血症病毒(VHSV)。VHSV 是一种鲑鱼弹状病毒,该病毒通常会导致全身性疾病和出血性病变,死亡率高达 90%。在未感染前应用橄榄苦苷,可使病毒感染率降低 30%。而且,橄榄苦苷应用于感染该病毒 36 h 后的细胞,能够剂量依赖型地大幅度降低 VHSV 滴度和病毒蛋白的积累。另外,橄榄苦苷能够抑制未感染细胞间由 VHSV 诱导的细胞与细胞的膜融合,说明橄榄苦苷能够干扰病毒的融合。橄榄苦苷能与病毒包膜相互作用,阻止病毒感染和复制而发挥抗病毒作用。橄榄苦苷在病毒感染细胞前和感染细胞后施用,均具有剂量依赖性的体外抗病毒活性。

Lee-Huang 等[88]报道,橄榄苦苷是一个独特类别的 HIV-1 抑制剂,能够有效地抑制该病毒的融合和整合。他们应用分子对接仿真技术研究了橄榄苦苷与病毒目标的相互作用,发现橄榄苦苷能够结合在 HIV-gp41 融合域表面的保守疏水口袋,此种结合是通过与 Q577 形成氢键,与 I573G572 和 gp41N 端七氨基酸重复肽 N36 上的 L568 的疏水相互作用形成的,以此来干扰 gp41 融合活跃核心的形成。他们还应用聚丙烯酰胺凝胶电泳和圆二色谱法测试了橄榄苦苷对 HIV-1 融合的复杂形成过程的影响,橄榄苦苷可剂量依赖性抑制 HIV-1 与 66～58 nm 的 EC_{50}s 融合中心的形成,并且没有检测出毒性。

赵桂琴等[89]对从素馨花花中分离得到的橄榄苦苷进行了抗乙型肝

炎病毒研究。通过 HepG2 2.2.15 细胞系体外病毒培养以及鸭乙型肝炎病毒(DHBV)在鸭体内接种分别考察了橄榄苦苷的体内外抗病毒活性。利用 ELISA(酶联免疫吸附测定)检测细胞培养基内乙型肝炎 e 抗原(HBeAg)和乙肝表面抗原(HBsAg)浓度。鸭血浆中 DHBV 则通过斑点印迹进行分析。结果发现橄榄苦苷对 HepG2 2.2.15 细胞 HBsAg 的表达有一定的剂量依赖性(IC_{50} = 23.2 μg/mL)抑制作用。在腹腔给药,注射剂量 80 mg/kg,每日两次,10 d 后,对感染鸭病毒血症的抑制效果也非常显著。

1.3.2.4 抗肿瘤活性

Hamdi 等[90]研究认为橄榄苦苷可有效抑制恶性胶质瘤分化细胞系——LN-18、儿童红白血病细胞——TF-1a 以及其他多种从人体肿瘤分离出来的细胞系的生长。其可破坏肿瘤细胞肌动蛋白微丝,以剂量反应方式抑制人肿瘤细胞株的迁移和增殖。并证实,橄榄苦苷能够不可逆的包围癌细胞,防止其复制、运动及侵袭。而这些作用在正常细胞中则是可逆的。患有自发性肿瘤的小鼠口服橄榄苦苷 9～12 d 后,肿瘤完全退化。在肿瘤完全退化前切下,其表现为失去均一性、黏结性且松脆、易碎。此系列结果说明橄榄苦苷有望由一种无毒的抗氧化剂转变为高效的肿瘤抑制剂。

Menendez 等[91]认为橄榄苦苷的糖苷配基是其抑制乳腺癌细胞生活力的有效结构部位。近来,Han 等研究表明 200 μg/mL 橄榄苦苷可通过抑制 MCF-7(人乳腺癌)细胞增殖以及诱发细胞凋亡,进而显著降低细胞的活性及数量。此外,橄榄苦苷还表现出对肿瘤细胞由 G1 期至 S 期相变的显著阻抑作用。

1.3.2.5 降血糖作用

Al-Azzawie 等[92]利用四氧嘧啶诱发兔糖尿病模型,经诱发后糖尿病兔表现为血浆和红细胞中丙二醛(MDA)和血糖的升高,同时酶和非酶抗氧化剂发生改变。以 20 mg/kg 剂量橄榄苦苷口服喂饲糖尿病兔

16周，此期间，其体内MDA水平、血糖、酶和非酶抗氧化剂均恢复到与正常对照兔无区别。而未喂饲橄榄苦苷的糖尿病兔却表现出在MDA水平、血糖浓度和抗氧化参数方面的持续改变。这些结果说明橄榄苦苷可抑制由糖尿病所引起的高糖与氧化应激，且有助于防止氧化应激所引起糖尿病并发症。

1.3.2.6 对心血管系统的作用

Visioli和Galli曾报道橄榄苦苷具有抗动脉粥样硬化的活性[93]。2003年，Carluccio MA等[94]还报道指出，橄榄苦苷可降低内皮-单核细胞黏附以及血管细胞黏附分子mRNA和蛋白质。缺血心脏血液回流通常伴随氧化型谷胱甘肽释放增加，如用橄榄苦苷处理缺血心脏，这一释放过程则被显著降低，同时抑制膜脂质过氧化作用。这被认为动脉硬化发病的关键诱因[76]。

橄榄苦苷可使兔离体心脏的冠脉血流量增加50%，并显示出抗心律失常和解痉作用，用磷酸水解橄榄叶提取物得到的橄榄醇酸有降压作用[95]。Khayyal等应用以NG-硝基-*L*-精氨酸甲酯诱导的Wistar大鼠高血压模型进行实验，结果表明，橄榄苦苷治疗组大鼠血压逐渐降低，且心率无明显变化[96]。

Hedya Jemai等[97]对橄榄叶中富含橄榄苦苷的提取物以及它们的酶和酸水解液（其中富集橄榄苦苷糖苷配基和羟基酪醇）的体外抗氧化活性和体内抗氧化和降脂活性进行了研究。体内实验中，给予Wistar大鼠标准实验室饲粮或高胆固醇饲粮，16周后测定血清脂质过氧化水平、硫代巴比妥酸反应物（TBARS）以及肝脏抗氧化酶SOD（超氧化物歧化酶）、CAT（过氧化氢酶）水平。高胆固醇引发大鼠高血脂症并导致体内总胆固醇（TC）、甘油三酯（TG）和低密度脂蛋白胆固醇（LDL-C）水平升高。而服用富含橄榄苦苷的提取物以及它们的酶和酸水解液的高胆固醇饲喂大鼠则显著降低了TC、TG和LDL-C水平，且提高了血液中高密度脂蛋白胆固醇含量。此外，还增加了血清抗氧化潜力以及肝中

SOD、CAT 活性。这些结果表明橄榄苦苷及其糖苷配基和羟基酪醇的降胆固醇活性可能与其降低了血清中的 TC、TG 和 LDL-C 水平和减慢脂质过氧化进程、提高抗氧化酶活性有关。

Syed Haris Omar[98]指出橄榄苦苷通过其血管舒张作用、抗血小板凝集作用、抗炎和抗氧化作用而对心血管疾病产生多方面有益作用。

1.3.2.7 皮肤保护作用

Ancora 等[99]研究认为橄榄油中的酚类成分,尤其是其中的橄榄苦苷具有直接的抗皮肤衰老作用,在皮肤中具有自由基清除剂作用。近来,Kimura 等[100]研究认为橄榄苦苷能够通过减少食管组织环氧化酶-2的水平进而抑制血管内皮生长因子(VEGF)、基质金属蛋白酶-2(MMP-2)、基质金属蛋白酶-9(MMP-9)基质金属蛋白酶-13(MMP-13)的表达。从而防止 UVB 所引起的慢性皮肤损伤和致癌作用。

Perugini 等[101]还对橄榄苦苷对抗 UVB 所引起的皮肤红疹作用进行了研究。为此,他们将橄榄苦苷及其他成分制成乳状液,对健康志愿者进行涂抹,以维生素 E 为对照药品经 UVB 照射后研究橄榄苦苷的皮肤保护作用及缓解皮肤红疹作用。经测定皮肤参数:皮肤颜色、屏障作用和微循环,表明橄榄苦苷分别减少皮肤红疹、经表皮的水分散失及血流量 22%、35%和 30%,具有明显的缓解 UVB 所致皮肤红疹作用。为进一步开发利用橄榄苦苷作为修复 UV 损伤化妆品的有效成分提供了新的思路。

1.3.2.8 抗衰老活性

正常人的成纤维细胞在基因及环境因素作用下将经历复制性衰老,蛋白酶复合体则能够通过其增量表达而延迟人成纤维细胞的衰老。Katsiki 等[102]研究表明橄榄苦苷可提高体外蛋白酶复合体活性,其机制可能是通过改变蛋白酶复合体构象实现。此外,利用橄榄苦苷不断作用于人胚胎成纤维细胞的早期通道,则可增强蛋白酶复合体介导的降解速率以及保证蛋白酶复合体在复制性衰老过程中的功能,进而减少了细胞内活性氧水平和氧化蛋白质的数量。尤为重要的是,橄榄苦苷处理的细胞表现为延迟衰老并在寿命上增加 15%。

1.3.2.9 神经保护作用

根据自由基理论,生物个体一生当中的氧化损伤主要是线粒体的氧化损伤导致个体衰老。一些氧化损伤不能被完全逆转,从而导致细胞功能紊乱。因为在线粒体膜脂质尾部存在 C—C 双键,所以其对自由基攻击非常敏感,进而导致认知性和神经退行性疾病的发生。有研究[103]指出橄榄苦苷减少甚至完全阻止了老年痴呆症固有的 β-淀粉状蛋白聚集。表明橄榄苦苷在治疗老年痴呆症方面可能有一定的应用前景。

近年来,随着国内外学者对橄榄苦苷研究的深入,橄榄苦苷的药理活性越来越受到研究者的重视。橄榄苦苷也随着其各种药理活性的发现而被应用的愈加广泛。

1.4 羟基酪醇研究概况

羟基酪醇(hydroxytyrosol)化学名为 3,4-二羟基苯乙醇,又名水合酪氨酸、4-(2-羟乙基)-1,2-苯二酚,是一种天然的多酚类化合物,其分子结构见图 1-5。最初来源于橄榄叶提取物,主要是以酯化物橄榄苦苷的形式存在于橄榄的各个部位,橄榄苦苷经过水解后可得到游离的羟基酪醇。研究发现羟基酪醇具有很多有益于人体健康的生物药理活性,近年来深受生物和医学界的重视。羟基酪醇的制备及化学合成是药物化学家近来研究的热点。

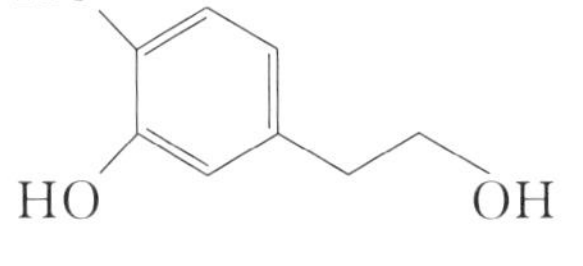

图 1-5 羟基酪醇分子结构图

Fig. 1-5 Molecular structure of the hydroxytyrosol

1.4.1 羟基酪醇制备途径

自然界中天然的羟基酪醇很少以游离的形式存在，仅发现在橄榄果的成熟过程中由 β-糖苷酶和酯酶酶解橄榄苦苷得到，酶解过程见图 1-6。

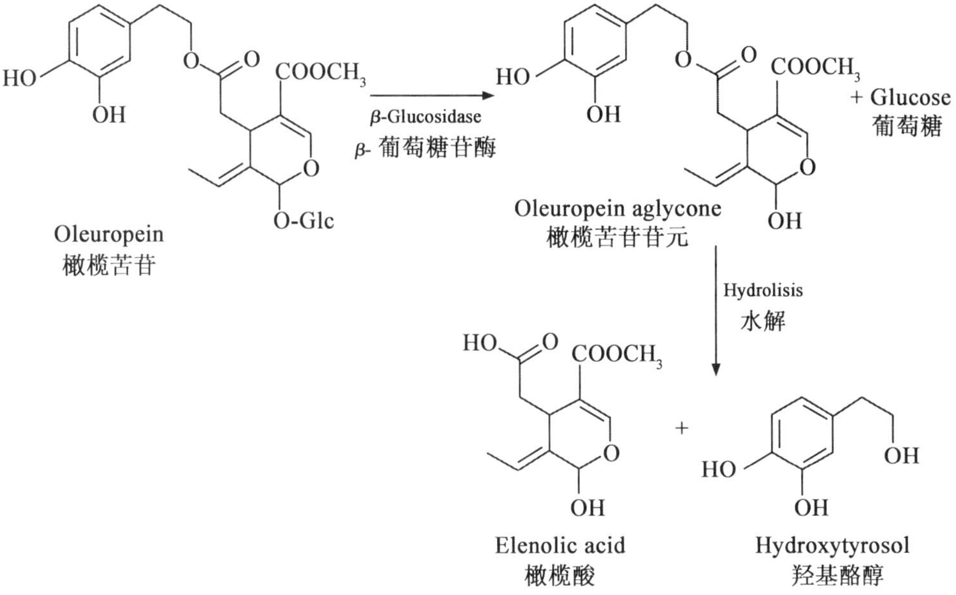

图 1-6 羟基酪醇的生物合成过程

Fig. 1-6 Biosynthesis of hydroxytyrosol[104]

目前制备生产羟基酪醇主要有以下两种方式：

(1)通过酸解或酶解橄榄油厂废水(olive mill wastewater, OMWW)[105]、橄榄叶[106]、原生橄榄油[106]中的橄榄苦苷，再粗提制备羟基酪醇。

(2)利用化学合成的方法制备羟基酪醇[108,109]。

1.4.1.1 羟基酪醇的提取与分离纯化

橄榄油厂生产橄榄油过程中会排出大量废水，地中海地区的研究人员发现这些废水中含有大量极富有价值的化合物，并将其作为羟基酪醇生产原料。

Thabèt Yangui 等[110]从 OMWW 中通过水解以及水解后的纯化制备得到富集羟基酪醇的两种提取物，羟基酪醇含量分别达到 29.27％和 52.67％。

Sonia Khoufi 等[111]通过培养黑曲霉菌（*Aspergillus niger*）生产得到含有 β-糖苷酶、酯酶的培养基，用以水解 OMWW 生产羟基酪醇，并对其水解后混合物进行了抗氧化（DPPH）活力检测。结果表明，OMWW 水解物具有较好的抗氧化活力，是一种很有潜力的酚类化合物，有望应用于食品、医药等领域。

Antonella De Leonardis 等[112]从橄榄叶中提取分离得到具有高含量羟基酪醇的酚类提取物。其提取过程主要包括两个过程：首先应用 10％HCl 在 100℃条件下所产生的强酸水蒸气直接水解橄榄叶，然后通过乙酸乙酯液液萃取获取高含量羟基酪醇萃取物。所得酚类提取物中羟基酪醇含量可达总酚含量的 92％。

Raffaella Briante 从橄榄叶中直接提取分离获得羟基酪醇，此法首先利用 3 倍量 80％的甲醇对橄榄叶超声提取 15 min，旋干提取物后再用蒸馏水溶解，然后对其水解或酶解，再对其进行系列纯化[113]。

Capasso R 等[114]对 OMWW 进行浓缩，再用乙酸乙酯萃取后用反相凝胶柱中压（20 MPa）分离羟基酪醇，再用制备型硅胶薄层板纯化，最终能从 1 L OMWW 得到 91 mg 羟基酪醇。Fernández-Bolaños J[115]利用一种强阴离子交换柱（Amberlit 4200-Cl，Rohm-Haas Co.，Chauny，France）对 OMWW 进行羟基酪醇的纯化，可使产物纯度达 50％以上，再通过多聚吸附树脂 XAD-型（polymeric adsorption resin XAD type）进一步分离（洗脱剂（乙醇）∶水＝30∶70，*V*/*V*），最终可得到部分纯度达 95％以上的羟基酪醇。

从 OMWW 中获取羟基酪醇方法的优点是对生产橄榄油所产生的废水进行废物利用，减少对环境的污染。但此方法需消耗大量溶剂，且羟基酪醇收率较低，不太适合工业化生产。

1.4.1.2 羟基酪醇的合成

羟基酪醇的化学合成方法主要有以下几种：

(1)以3,4-二甲氧基苯乙酸为原料[116]。反应过程中采用氢化铝锂作为还原剂,反应条件苛刻,且原料价格较高,该合成工艺目前都还停留在实验室阶段。

(2)以酪醇为原料[117-119]。此路径原料经过保护、氧化、脱保护三步反应合成羟基酪醇,此方法较为简单,但是原料酪醇较难得到。原料和氧化剂的市场价格均较高,在无形中大大增加了生产成本,对工业化生产造成一定的困难,仅适用于在实验室小量制备。

(3)以邻苯二酚为原料。帝斯曼公司申请了两个利用邻苯二酚制备羟基酪醇的专利[120-121],第一条路线是用邻苯二酚合成3,4-二羟基苯乙醇酸中间体,通过3步反应制得羟基酪醇,此路线需要耗费大量溶剂,产生大量废水,且反应时间较长;第二条路线是邻苯二酚经傅克反应制得2-氯-1-(3,4-二羟基)苯乙酮,再水解,还原制得羟基酪醇,傅克反应条件剧烈,且所用氯乙酰氯和三氯氧磷的毒性、刺激性大,操作时有一定危险。这两种路线都有不同程度的弊端,较少采用。

许超等报道的另一种以邻苯二酚为原料的合成方法[122],该反应步骤长,其中用到三溴化硼,反应过于剧烈,不易控制,较少使用。

总之,羟基酪醇的化学全合成报道中,均存在起始原料和个别试剂价格昂贵,合成步骤较长,合成方法繁琐,或反应剧烈、耗费溶剂等缺点,不适合工业化生产。

1.4.2 羟基酪醇活性研究概况

羟基酪醇苯环上连接有两个羟基,是其主要的抗氧化活性基团。羟基酪醇因其固有的抗氧化活性可预防多种疾病的发生,如:癌症、心血管疾病、神经退行性疾病、糖尿病以及炎症感染等。这些疾病发病病因及进程均与活性氧(ROS)介导的组织损伤有关。

1.4.2.1 抗氧化活性

羟基酪醇已被证实具有多种体外抗氧化活性,其可清除过氧化氢、羟基和其他自由基以及活性氮自由基、超氧阴离子,并阻断过氧化链式反应,抑制 ROS 的金属离子催化产物生成等[123,67]。

有多项报道[124,125]指出,羟基酪醇具有 DPPH 清除活性。这些研究指出羟基酪醇的 EC_{50} 值为 20.5 μmol/L 和 19 μmol/L,橄榄苦苷的 EC_{50} 值分别为 25.2 μmol/L 和 22 μmol/L。Briante 等[126]极端嗜热 β-糖苷酶水解橄榄苦苷后,得到橄榄苦苷糖苷配基、羟基酪醇、橄榄酸等系列水解产物,并对其抑制脂肪酸过氧化反应速率活性进行了研究。发现橄榄苦苷和羟基酪醇的抗氧化能力均强于橄榄酸。

此外,还有研究者对羟基酪醇在人体内的抗氧化活性进行了研究。表明从橄榄油加工厂废水中获取的富含羟基酪醇提取物在 20 mg/kg 的低浓度下,即能够有效阻止人 LDL 氧化作用(诱发动脉粥样硬化发病诱因)并清除超氧阴离子和次氯酸[127]。

还有研究者从橄榄叶中获取富含羟基酪醇的提取物(羟基酪醇在提取物总酚中约占 92%),并对其抗氧化活性进行了考察。结果该提取物在浓度 100 mg/kg 时即表现出良好的抗多种食品油脂氧化作用,且无细胞毒性及抑制乳酸菌生长作用,可将其作为食品配料加以应用[112]。

1.4.2.2 抗菌活性

羟基酪醇可抑制或者减缓人类多种细菌、真菌以及病原菌的生长。

Medina 等[128]研究表明,羟基酪醇具有较强的广谱抗菌活性,尤其是针对革兰氏阳性菌。此外,其不仅对小肠菌群中的有害菌(产气荚膜杆菌、大肠杆菌)不利,同时也不利于有益菌,比如:嗜酸乳杆菌和两歧双歧杆菌。同样,多种通过食物传播的病原菌,如:单核细胞增多性李斯特氏菌、金黄色葡萄球菌、沙门氏菌和志贺氏菌等在接触羟基酪醇 1 h 后均被杀死。

Bisignano 等[79]研究也发现,羟基酪醇具有抗多种人类肠道及呼吸道感染病原菌的活性。近来,Brenes 等[129]研究还发现羟基酪醇具有较强的体外抗幽门螺杆菌活性,表明其有希望作为消化性溃疡和胃癌的预防用药。

通过研究发现羟基酪醇主要是通过穿透细菌的细胞黏膜,分解细菌的黏肽,或者引发细菌黏膜的破损。羟基酪醇的抑菌性要明显优于橄榄苦苷,这可能因为橄榄苦苷具有糖苷结构,使其不容易穿透细菌黏膜[79]。

除了其抗细菌活性,橄榄苦苷还具抗接骨木镰刀菌、大丽轮枝菌、番茄早疫病菌等多种真菌的活性[130]。

1.4.2.3 抗炎症活性

Gong 等[131]利用20%的羟基酪醇口服处理角叉菜胶诱导的急性炎症大鼠,以评价20%羟基酪醇对急性炎症大鼠足趾肿胀以及疼痛的抑制作用。通过测定反转录酶聚合酶链式反应(RT-PCR)测定组织中肿瘤坏死因子-α(TNF-α)、白细胞介素1β(IL-1β)、白细胞介素10(IL-10)的含量水平。结果表明,20%羟基酪醇可有效降低组织中促炎症因子IL-1β和TNF-α的水平,同时并不增加抗炎细胞因子IL-10的mRNA表达。

1.4.2.4 心脑血管保护作用

除了具有抑制LDL氧化作用[127]之外,已有研究证实羟基酪醇还具有体外抑制血小板凝聚的作用[132]。González-Santiago 等[133]利用添加羟基酪醇的饲粮饲喂高血脂兔,结果证实,其有效提高了机体的抗氧化能力且削弱了粥样硬化病变程度。

González-Correa 等[134]以乙酰水杨酸作对照考察了羟基酪醇对大鼠体外血的抗凝集作用,结果表明其能够抑制血小板凝集和血栓素B的合成,同时提高NO的生成量,从而达到抗凝作用。

羟基酪醇抗心血管疾病的作用可能与降低血糖和脂类氧化物浓度有关。实验证明羟基酪醇能降低糖尿病大鼠血浆中的血糖浓度和血清中三酰甘油、总胆固醇的量,并能增强肝肾内 SOD、过氧化氢酶(CAT)和谷胱甘肽(GSH)过氧化物酶活性,降低碱性磷酸酶和硫代巴比妥酸反应物等含量,从而表现出降低肝肾器官毒性的作用,其机制可能与羟基酪醇和 LDL 结合有关[135-138]。还有资料表明,羟基酪醇可以治疗由糖尿病引起的高血糖及氧化应激病症[139]。

羟基酪醇还能预防动脉粥样硬化的发生。Zrelli 等[140]证明羟基酪醇可以降低猪肺动脉上皮细胞内过氧化氢诱导的 ROS 的水平,并增强 mRNA 酶、蛋白质活性和细胞内转录调节因子 3a(FOXO3a) 的水平,诱导磷酸腺苷-激活蛋白激酶使 FOXO3a 向细胞核转移。其中 FOXO3a 是一种转录调节因子,主要存在于心脏组织,其活化状态对抑制血管平滑肌增殖、心肌细胞增生肥大和抗氧化应激具有明显作用,但当其由细胞核转运至细胞质便发生失活。羟基酪醇通过诱导腺苷酸活化蛋白激酶和激活 FOXO3a 酶活性的表达,保护机体上皮细胞免受氧化破坏,且可以预防动脉硬化的发生。此外,羟基酪醇也是一种强效的脑内抗氧化剂,实验证明它能降低纹状体和脑其余部位过氧化脂产物水平,阻碍 GSH 的消耗,摄取含有羟基酪醇的食物能降低脑神经病变的风险[141]。以上研究均表明羟基酪醇可以降低脑内和血管内皮细胞活性氧的量,为治疗心脑血管疾病提供了分子依据。

1.4.2.5 抗肿瘤活性

研究资料表明,羟基酪醇能抑制肿瘤发生的多个阶段且具有广谱性。一般认为,肿瘤是由于体内多余的自由基和活性氧(ROS) 破坏了 DNA 致使基因异常表达造成的。羟基酪醇的抗氧化性和对自由基的清除能力比其他一些合成和天然的化合物都高,能够有效清除内源性和外源性自由基和活性氧[142,143],从而预防癌症的发生。

慢性炎症与肿瘤发生之间的关系越来越受到关注,有研究者[144]认为所有癌症中的15%～20%可能源于炎症感染。由此来讲，羟基酪醇在心脏保护方面的抗炎活性表明其具有潜在的抗癌活性。羟基酪醇阻抑了环氧合酶-2(COX-2)和5-脂氧合酶，并减少了前列腺素E2的合成，从而抑制了癌症等疾病的发生[123]。

此外，羟基酪醇可改变肿瘤类二十烷酸的生物合成，进而表现出广谱抗癌活性，通过多种机制抑制人类肿瘤细胞系增殖并促进其凋亡[145-148]。

1.5 本研究课题的学术背景及主要研究内容

中药产业是我国的传统民族产业，而今随着现代科学技术的迅猛发展，其现代化进程也大大加快。相对于西医、西药的局限性和毒副作用，人们更倾向于采用毒副作用较小的天然药物，为植物药产业的发展创造了千载难逢的机遇，但同时也面临着严峻的挑战。

紫丁香苷(又名刺五加苷B)、橄榄苦苷和羟基酪醇为三种具有多种药理活性的天然药用活性成分，已广泛应用于食品、药品和化妆品等领域。紫丁香苷为刺五加的主要活性成分之一，目前主要从刺五加等五加属植物中提取紫丁香苷，但其中丁香苷含量较低，且因为多年的开发利用，资源日渐枯竭。橄榄苦苷、羟基酪醇具有极强的抗氧化能力[79,124,125]，能减慢低密度脂蛋白的氧化，多被用于保持肌肤弹性和柔嫩，防止老化，重现肌肤光滑，在国外的很多知名化妆品中均有所添加。此外，橄榄苦苷、羟基酪醇还可以预防冠心病、动脉粥样硬化、抗癌等多种药理活性，可用于食品、保健品、化妆品和医疗行业中，其需求量也在逐年增长。因此针对橄榄苦苷、羟基酪醇的提取及进一步开发其相关产品成为近年来的研究热点。

紫丁香作为我国北方常规园林绿化树种，分布广泛，植物资源丰富。紫丁香体内含有多种天然活性成分，但至今尚未被开发利用。尤其是紫丁香苷、橄榄苦苷含量较高，国内外研究中未见从紫丁香中分离、纯化这两种成分的相关报道。基于此我们对紫丁香小茎中的紫丁香苷和橄榄苦苷进行了高效提取、分离纯化。并对分离得到的橄榄苦苷粗品进一步采用新型离子交换树脂水解技术制备得到羟基酪醇，从而为橄榄苦苷制备羟基酪醇提供了新的途径。为生产高附加值的食品、保健品、化妆品和医药原料提供了新的植物源和技术保障。

2　紫丁香中紫丁香苷、橄榄苦苷真空微波高效提取

微波辅助提取技术被认为是传统中草药提取手段的现代替代手段，有如下诸多优点：节约提取时间；减少溶剂消耗；提取效率高等。但对于某些在高温高热条件下易被破坏分解的目标成分则不适宜应用此种提取方法。本章则对这一提取方法进行改进，附加抽真空装置，使紫丁香小枝中的紫丁香苷、橄榄苦苷这类遇热不稳定的成分能够快速、高效并且安全地提取出来。

2.1　材料与仪器

2.1.1　实验材料

紫丁香小枝，2011 年 7 月采于东北林业大学校园内。先用剪枝剪将其剪成 0.5～1 cm 小段，再置于 50℃恒温干燥箱进行干燥。烘干的小枝用小型粉碎机粉碎，过 40 目筛。贴上标签置于阴凉干燥处备用。

2.1.2　试剂

紫丁香苷标准品（≥98%）	美国 Sigma 公司
橄榄苦苷标准品（≥98%）	美国 Sigma 公司
色谱级甲醇	J&K Chemical Ltd
去离子水	实验室自制
甲醇、乙醇、磷酸等分析纯试剂	市售

2.1.3 实验仪器与设备

717 型 Waters 高效液相色谱仪	美国 Waters 公司
BS210S 电子天平	北京 Sartorious 有限公司
LD2000-1 型电子天平	沈阳龙腾电子有限公司
M-50 型玻璃过滤器	上海玻璃仪器厂
UV-2550 紫外-可见分光光度计	日本岛津公司
手提式高速中药粉碎机	温岭市大德中药机械有限公司
微波提取装置	自制
真空微波提取装置	自制
SZ-93 自动双重纯水蒸馏器	上海亚荣生化仪器厂
HB-Ⅲ型循环水式多用真空泵	郑州长城科工贸有限公司
3K3O 型离心机	美国 Sigma 公司

2.2 实验方法

2.2.1 紫丁香中紫丁香苷、橄榄苦苷分析方法的建立

2.2.1.1 供试液溶液制备

精密称取紫丁香小枝粉末 2 g，加入 40 mL 40%乙醇，100℃水浴回流 60 min。冷却至室温，过滤，即得。

2.2.1.2 测定波长的确定

分别取紫丁香小枝 40%乙醇回流提取液，紫丁香苷、橄榄苦苷标准品甲醇溶液用紫外可见分光光度计于 190～400 nm 下扫描其吸收曲线，比较后确定测定波长。

2.2.1.3 色谱条件

色谱柱为依利特 Hypersil BDS C_{18} 柱（4.6 mm×250 mm，5 μm），进样

量 10 μL，体积流量 1 mL/min，柱温：室温，甲醇-水-磷酸溶液（33∶67∶0.2，V/V/V）为流动相，检测波长为 232 nm。提取得率计算如下式。

$$提取得率(mg/g)=\frac{提取液中目标组分的质量(mg)}{所用样品量(g)}$$

2.2.2　紫丁香中紫丁香苷、橄榄苦苷的真空微波提取单因素实验

以乙醇浓度、液料比、微波功率、提取时间、真空度为单因素，以紫丁香苷、橄榄苦苷得率为指标，进行提取单因素实验。实验设计详见表 2-1。

表 2-1　单因素实验各因素取值范围

Table 2-1　Ranges of experimental variables

变量（variables）	取值范围（ranges）
乙醇浓度/%	0，20，40，60，80
液料比/（mL/g）	10，15，20，25，30
微波功率/W	120，230，385，540，800
提取时间/min	2，4，6，8，10
真空度/MPa	0，−0.04，−0.08
浸泡时间/h	0，1，2，4，8

2.2.2.1　乙醇浓度

准确称取紫丁香小枝原料 2 g，15 份，乙醇浓度设 5 个梯度：0%、20%、40%、60%、80%，每个浓度梯度 3 个重复，液料比为 20 mL/g，微波功率 230 W，真空度 0 MPa，浸泡 1 h 后微波提取 10 min，而后用 HPLC 检测紫丁香苷、橄榄苦苷含量。

2.2.2.2　浸泡时间

准确称取紫丁香小枝原料 2 g，15 份，浸泡时间设 5 个梯度：0 h、1 h、2 h、4 h、8 h，每个时间梯度 3 个重复，液料比为 20 mL/g，微波功率

230 W,真空度 0 MPa,乙醇浓度 40%,微波提取 10 min,而后用 HPLC 检测紫丁香苷、橄榄苦苷含量。

2.2.2.3 液料比

准确称取紫丁香小枝原料 2 g,15 份,液料比设 5 个梯度:10 mL/g、15 mL/g、20 mL/g、25 mL/g、30 mL/g,每个梯度设 3 个重复,微波功率 230 W,真空度 0 MPa,提取前浸泡 1 h,乙醇浓度 40%,微波提取时间 10 min,而后用 HPLC 检测紫丁香苷、橄榄苦苷含量。

2.2.2.4 真空度

准确称取紫丁香小枝原料 2 g,9 份,真空度设 3 个梯度:0 MPa、−0.04 MPa、−0.08 MPa,每个梯度设 3 个重复,液料比为 20 mL/g,微波功率 230 W,提取前浸泡 1 h,乙醇浓度 40%,微波提取时间 10 min,而后用 HPLC 检测紫丁香苷、橄榄苦苷含量。

2.2.2.5 微波功率

准确称取紫丁香小枝原料 2 g,15 份,微波功率设 5 个梯度:120 W、230 W、385 W、540 W、800 W,每个梯度设 3 个重复,液料比为 20 mL/g,提取前浸泡 1 h,乙醇浓度 40%,真空度为 −0.08 MPa,微波提取时间 10 min,而后用 HPLC 检测紫丁香苷、橄榄苦苷含量。

2.2.2.6 提取时间

准确称取紫丁香小枝原料 2 g,15 份,提取时间设 5 个梯度:2 min、4 min、6 min、8 min、10 min,每个梯度设 3 个重复,液料比为 20 mL/g,微波功率 230 W,提取前浸泡 1 h,乙醇浓度 40%,真空度为 −0.08 MPa,而后用 HPLC 检测紫丁香苷、橄榄苦苷含量。

2.2.3 紫丁香中紫丁香苷、橄榄苦苷的真空微波提取响应面实验

在单因素实验基础上,选择提取时间、液料比和乙醇浓度为优化参数,利用响应面法(response surface methodology, RSM)中 Box-

Behnken 设计模块设计优化紫丁香苷、橄榄苦苷真空微波提取工艺参数。实验设计方案见表 2-2。每一变量设三水平，对应两个响应值 Y_1：紫丁香苷提取得率；Y_2：橄榄苦苷提取得率。

表 2-2 真空微波提取响应面法实验因素水平表

Table 2-2 Levels and factors of syringin and oleuropein extraction experiment

水平	因素		
	提取时间 X_1/min	液料比 X_2/(mL/g)	乙醇浓度 X_3/%
−1	4	15	30
0	6	20	40
1	8	25	50

2.2.4 传统提取方法

准确称取 2 g 紫丁香小枝粉末，分别参照文献的方法[149]进行热回流、微波萃取，共 6 份，分为 2 组，每组 3 个平行样。提取液 HPLC 检测紫丁香苷、橄榄苦苷含量。

2.3 结果与讨论

2.3.1 色谱条件优化

2.3.1.1 测定波长的确定

利用紫外扫描光谱测定紫丁香苷在 219 nm 和 264 nm 有两个最大吸收峰，橄榄苦苷在 225 nm 和 280 nm 有两个最大吸收峰，如图 2-1 所示。

依据紫外全波长扫描光谱结果(图 2-1，图 2-2)及相关文献[150]分别选取 221 nm、232 nm、280 nm、343 nm 作为液相检测波长，检测结果如图 2-3 所示，可见 232 nm 波长条件下，紫丁香苷、橄榄苦苷的检测灵敏度，检测峰形均较好。因此，选择 232 nm 作为检测波长。

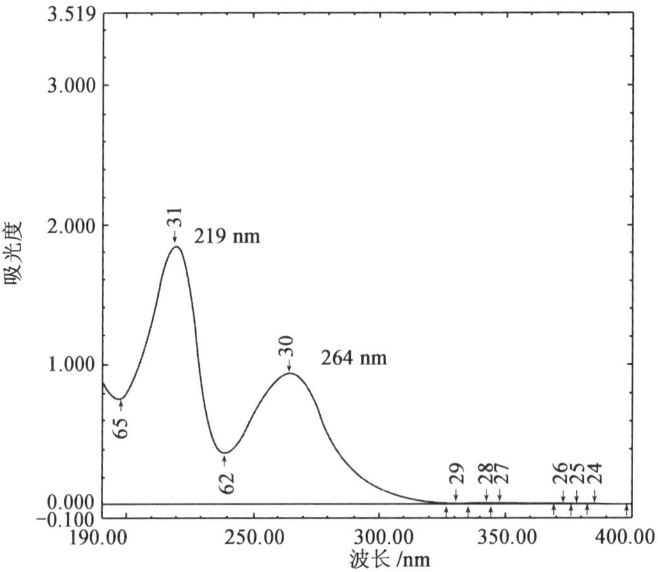

图 2-1　紫丁香苷紫外扫描光谱图

Fig. 2-1　UV-Vis spectra of syringin

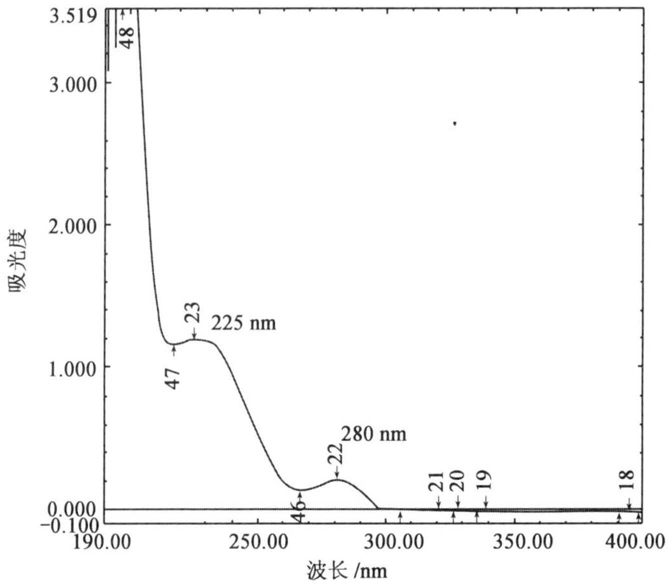

图 2-2　橄榄苦苷紫外扫描光谱图

Fig. 2-2　UV-Vis spectra of oleuropein

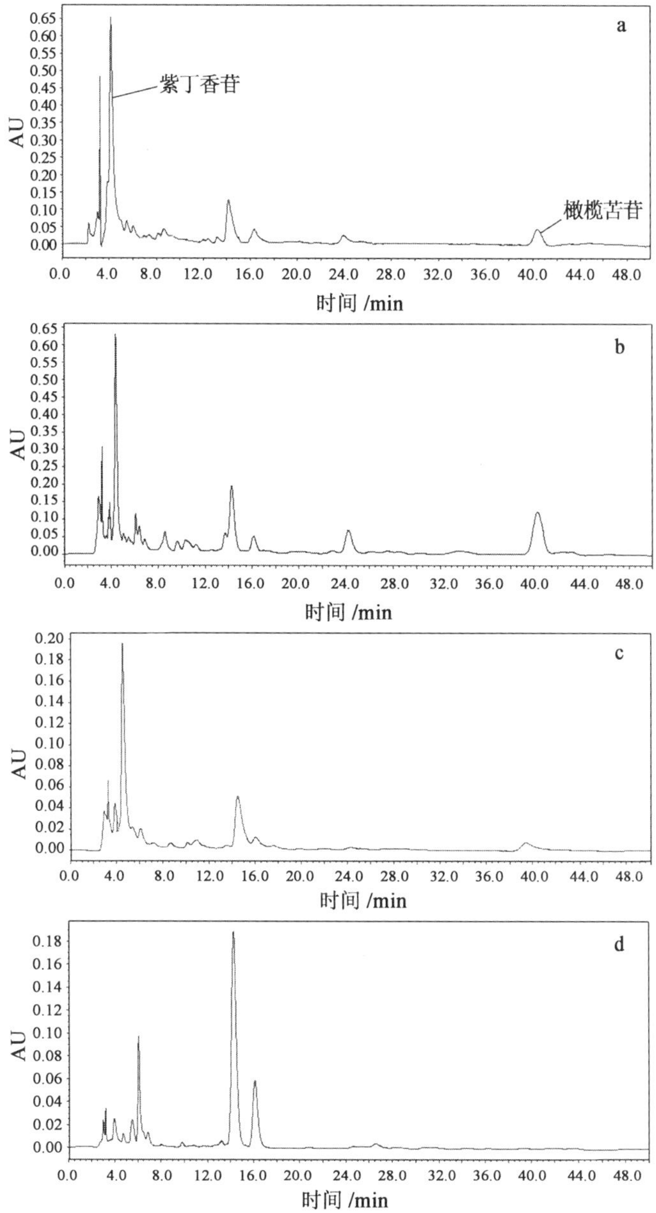

图 2-3 不同检测波长下紫丁香提取液液相色谱图

a. 221 nm; b. 232 nm; c. 280 nm; d. 343 nm

Fig. 2-3 Chromatogramof extracting solution of *Syringa oblata* Lindl. under differcnt ditection wavelength

a. 221 nm; b. 232 nm; c. 280 nm; d. 343 nm

2.3.1.2 流动相比例确定

图 2-4 显示不同流动相比例条件下紫丁香苷、橄榄苦苷液相色谱图。由于存在干扰峰、峰形差、拖尾等因素的影响，最后选择甲醇－0.2% 磷酸溶液(33∶67)作为流动相，各峰分离度及峰形均较好。

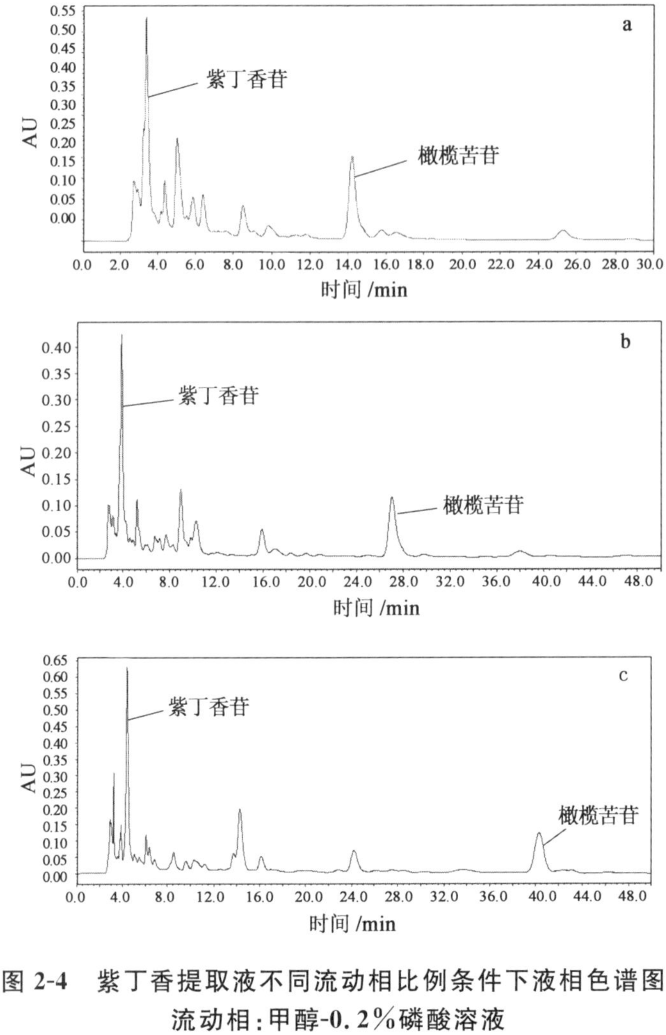

图 2-4　紫丁香提取液不同流动相比例条件下液相色谱图，
流动相：甲醇-0.2%磷酸溶液
a. 40∶60；b. 35∶65；c. 33∶67(*V*/*V*)

Fig. 2-4　Chromatogramof extracting solution of *Syringa oblata* Lindl. under different proportion of mobile phase, Mobile Phase: methanol-0.2% phosphoric acid
a. 40∶60；b. 35∶65； c. 33∶67(*V*/*V*)

2.3.1.3　线性关系考察

分别精确称取紫丁香苷、橄榄苦苷标准品 10 mg 溶于 20 mL 甲醇，制成 500 μg/mL 的两对照品储备液，再分别稀释为 400 μg/mL、300 μg/mL、200 μg/mL、100 μg/mL 系列浓度对照品溶液，用确定的色谱条件进行测定，并记录峰面积。由峰面积（Y）和对照品溶液浓度（X）绘制标准曲线（图 2-5），分别得两物质的回归方程：$Y_{紫丁香苷}=18\ 914X+17\ 067$，$R^2=0.999\ 9$；$Y_{橄榄苦苷}=15\ 677X-72\ 912$，$R^2=0.999\ 3$。结果表明两物质均在 0.1～0.5 mg/mL 线性关系良好。

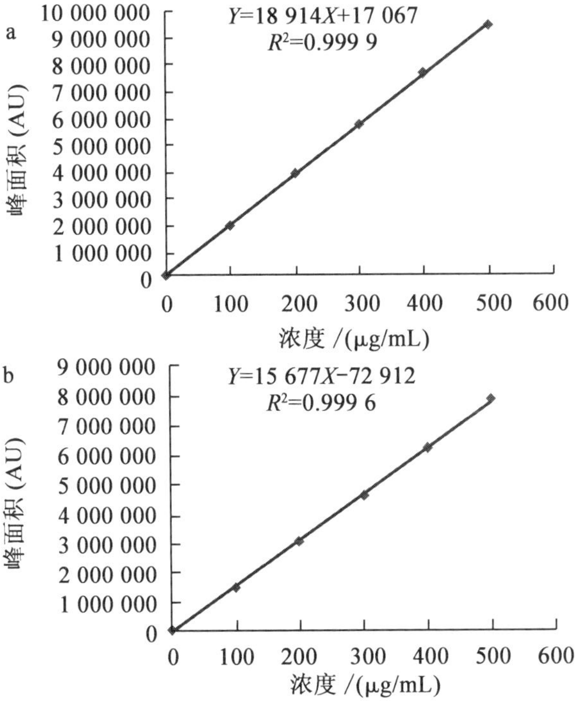

图 2-5　标准曲线

a. 紫丁香苷；b. 橄榄苦苷

Fig. 2-5　Standard curve

a. syringin; b. oleuropein

2.3.1.4 精密度实验

选取 300 μg/mL 的两种物质混标溶液，重复进样 6 次，按确定的液相条件测定峰面积。紫丁香苷 RSD 为 1.27%，橄榄苦苷 RSD 为 1.14%。

2.3.1.5 稳定性实验

取紫丁香小枝样品 2 g，按 2.2.1.1 节方法进行操作，按已确定色谱条件，分别于 0 h、2 h、4 h、8 h、12 h、24 h、36 h 测定，记录峰面积，紫丁香苷、橄榄苦苷 RSD 分别为 1.8%、1.3%，表明样品溶液 36 h 内稳定。

2.3.1.6 重复性实验

分别称取 6 份紫丁香小枝粉末，按已确定提取方法及液相条件测定紫丁香苷、橄榄苦苷含量，其含量的 RSD 分别为 1.4%、1.7%。

2.3.1.7 加样回收率实验

取已知含量的同一批紫丁香小枝样品 9 份各 0.5 g，精密称定，分别提取后精密加入一定量的两对照品混标溶液，按已确定色谱条件测定各样品中两物质峰面积。结果表明，紫丁香苷回收率为 100.8%，RSD 为 4.3%；橄榄苦苷回收率为 98.9%，RSD 为 5.9%。

2.3.2 真空微波提取单因素分析

2.3.2.1 乙醇浓度

由于乙醇在有机溶剂中相对来讲毒性较低，因而在工业中被广泛应用[151]。本项研究将其他提取因素固定，考察了不同乙醇浓度对紫丁香苷、橄榄苦苷得率的影响，结果见图 2-6a。

如图 2-6 所示，紫丁香苷和橄榄苦苷得率受乙醇浓度影响较大，两组分得率随乙醇浓度增加呈先升高后降低趋势，尤其是紫丁香苷降低趋势尤为明显，两物质均在 40% 浓度乙醇提取时达最高提取得率。由此可见，加大乙醇浓度可明显提高两组分的提取得率，但乙醇量过大反而不利于紫丁香苷的提取。考虑原因，可能是由于加入适当的乙醇能够降低提取溶剂的黏度，提高溶剂的渗透性，有利于有效成分的溶出，但紫丁香苷作为一种极性相对较大的糖苷，过高乙醇浓度使提取溶剂极性降低，反降低了其在提取液中的溶解度。因此，选取乙醇浓度20%～60%作为响应面进一步考察指标之一。

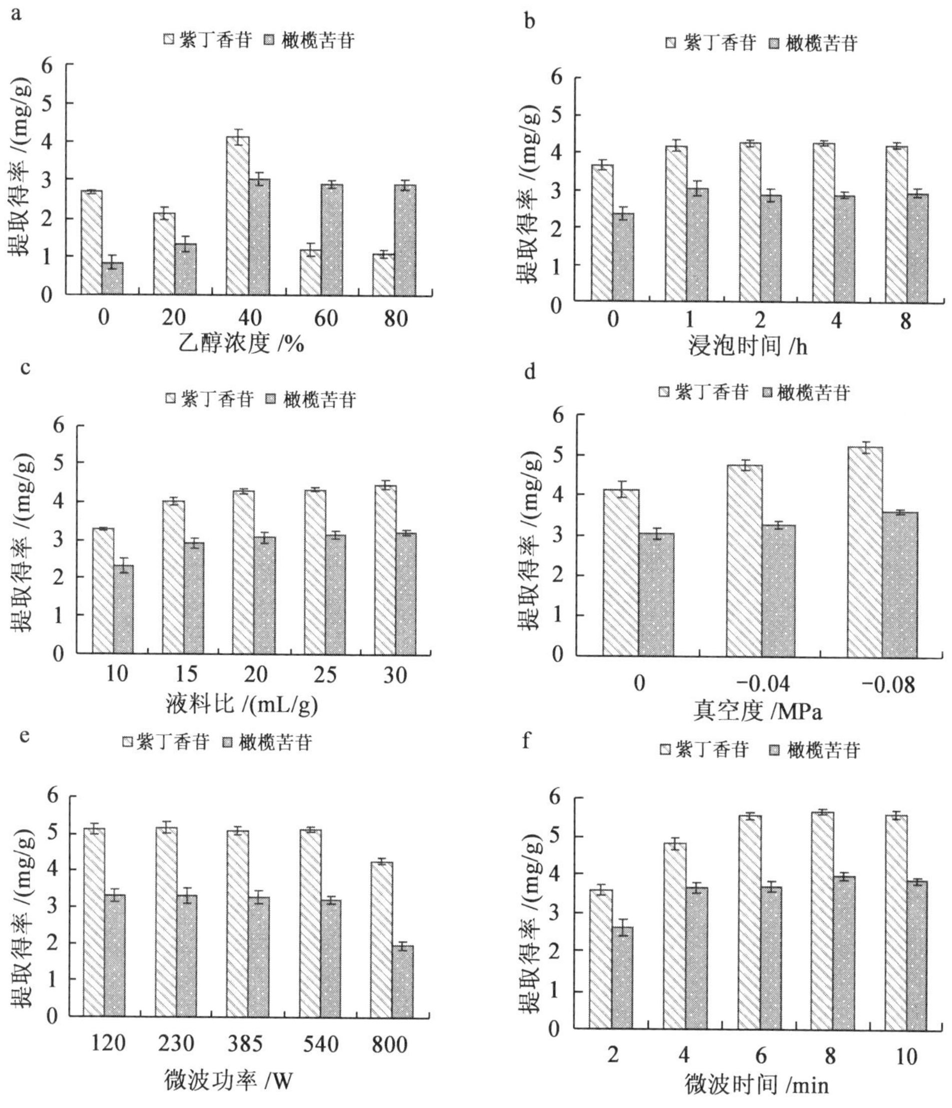

图 2-6　不同提取条件对紫丁香苷、橄榄苦苷得率的影响

Fig. 2-6　Effect of different extraction parameters on the yields of syringin and oleuropein in single-factor experiments

2.3.2.2 浸泡时间

浸泡时间对紫丁香苷、橄榄苦苷提取得率的影响见图 2-6b 所示。较干的提取原料提取前在提取溶剂中浸泡 1 h、2 h、4 h、8 h 均能提高紫丁香苷、橄榄苦苷的提取得率。而随着浸泡时间的延长，并没有表现出显著的提高提取得率效果，因此，选定浸泡 1 h 为最佳浸泡时间。

2.3.2.3 液料比

通常来讲，液料比也是影响提取效率的因素之一。提取溶剂比例过小将导致提取不完全，而大比例溶剂提取将造成不必要的浪费，且还可能降低提取效率。液料比对紫丁香苷、橄榄苦苷提取率影响见图 2-6c。如图所示，液料比 10 mL/g 显著低于其他各组，且在高液料比(＞15 mL/g)条件下并未见提取效率的显著提高。因此，选取 15～25 mL/g 作为液料比范围，用于响应面实验进一步确定理想料液比例。

2.3.2.4 真空度

为考察真空度对两组分提取得率的影响，选取 0 MPa、－0.04 MPa、－0.08 MPa 三个真空梯度进行真空微波提取实验，实验结果见图 2-6d。由图可见，－0.08 MPa 真空度条件下紫丁香苷、橄榄苦苷提取得率最高，即高真空度有利于微波条件下两组分的提取。真空状态下，降低了提取溶剂沸点，使提取溶剂在较低温度下即沸腾，缩短了达到溶剂沸点所需时间。提高了提取效率，且可减少高温对目标组分的降解和破坏作用。因此，选取－0.08 MPa 作为后续实验提取真空条件。

2.3.2.5 微波功率

真空条件下，微波功率对紫丁香苷、橄榄苦苷提取得率的影响见图 2-6e。可见在微波功率小于 540 W 时对两组分提取得率均无显著影响。但当微波功率达到 800 W 时，则明显降低了两组分的提取得率。这可能是由于高功率下所提供的过高辐射能破坏了提取组分的分子稳定性。考虑到节约能源，选择 120 W 作为后续实验提取功率。

2.3.2.6 提取时间

提取时间也是在提取中必须考虑的一项影响因素。结果如图 2-6f 所示，随着提取时间的延长，两组分提取得率呈升高趋势。而当提取时间超过 6 min 以后，提取时间对两组分提取得率影响不大。因此，确定提取时间 4～8 min 为进一步优化范围。

2.3.3 真空微波提取紫丁香苷、橄榄苦苷的响应面分析

2.3.3.1 响应值结果及其拟合模型

在以上单因素实验结果的基础上，选取提取时间(X_1)、液料比(X_2)、乙醇浓度(X_3)为自变量，紫丁香苷(Y_1)、橄榄苦苷得率(Y_2)为响应值，采用 Box-Behnken 三因素三水平实验设计，其实验方案及结果见表 2-3。

根据所得实验结果，利用 Design-Expert8.0.5.0 软件回归拟合实验数据，获得以下的三元二次回归模型：

紫丁香苷提取得率 $Y_1=5.08+0.47X_1+0.071X_2+0.22X_3+0.12X_1X_2+0.18X_1X_3-0.1X_2X_3-0.7X_1^2-0.28X_2^2-0.65X_3^2$；

橄榄苦苷提取得率 $Y_2=3.52+0.06X_1+0.06X_2+0.25X_3+0.08X_1X_2+0.17X_1X_3-0.06X_2X_3-0.31X_1^2+0.016X_2^2-0.44X_3^2$。

两方程 p 值分别为 0.000 9 和 0.001 2，均<0.05，响应面回归模型达到显著水平，表明两方程拟合度较好。

从表 2-4 方差分析结果可以看出：一次项、二次项对实验结果有显著性影响；交互项对实验结果的影响不显著；各实验因子对响应值的影响不是简单的线性关系，因此可利用该回归方程确定最佳提取工艺条件。而从回归分析表得出：X_1、X_2、X_3 的 p 值大小顺序为：$X_2>X_3>X_1$，由此得出三变量对响应值影响的强烈程度顺序为：提取时间＞乙醇浓度＞液料比。

表 2-3 真空微波提取响应面法实验方案及数据结果

Table 2-3 Box-Behnken design and the responses for extraction yield

实验号 Run	提取时间 X_1 Extraction time /min	液料比 X_2 Liquid-solid ratio /(mL/g)	乙醇浓度 X_3 Ethanol concentration /%	紫丁香苷得率 Y_1 Yield of syringin /(mg/g)	橄榄苦苷得率 Y_2 Yield of oleuropein /(mg/g)
1	6	20	40	5.24	3.61
2	4	20	50	3.51	2.7
3	6	15	30	3.8	2.62
4	6	15	50	4.36	3.43
5	6	20	40	4.76	3.38
6	8	15	40	4.53	3.16
7	6	20	40	5.07	3.49
8	6	20	40	5.1	3.51
9	4	15	40	3.51	3.2
10	8	20	50	4.48	3.15
11	6	25	50	4.29	3.46
12	4	25	40	3.42	3.13
13	6	25	30	4.13	2.89
14	6	20	40	5.21	3.63
15	8	25	40	4.93	3.41
16	4	20	30	3.33	2.72
17	8	20	30	3.6	2.51

表 2-4 紫丁香苷二次响应面回归模型方差分析及参数估计

Table 2-4 Variance analysis and parameter estimation of the quadratic response surface regression model for syringin

方差来源	自由度 df	系数估计	标准误	p 值	显著性
常量	—	5.08	0.1	—	—
X_1	1	0.47	0.081	0.000 7	**
X_2	1	0.071	0.081	0.408 7	
X_3	1	0.22	0.081	0.028 7	*
X_1X_2	1	0.12	0.11	0.320 8	
X_1X_3	1	0.18	0.11	0.412 0	

续表 2-4

方差来源	自由度 df	系数估计	标准误	p 值	显著性
X_2X_3	1	−0.1	0.11	0.170 8	
X_1^2	1	−0.7	0.11	0.000 4	**
X_2^2	1	−0.28	0.11	0.039 7	*
X_3^2	1	−0.65	0.11	0.000 7	**

从表 2-5 方差分析结果可以看出：X_3、X_1X_3、$X_1{}^2$、$X_2{}^2$、$X_3{}^2$ 对响应值均有显著性影响；各实验因子对响应值的影响不是简单的线性关系，因此可利用该回归方程确定最佳提取工艺条件。而从回归分析表得出：X_1、X_2、X_3 的 p 值大小顺序为：$X_1=X_2>X_3$，由此得出三变量对响应值影响的强烈程度顺序为：乙醇浓度＞液料比＝提取时间。

表 2-5 橄榄苦苷二次响应面回归模型方差分析及参数估计

Table 2-5 Variance analysis and parameter estimation of the quadratic response surface regression model for oleuropein

方差来源	自由度 df	系数估计	标准误	p 值	显著性
常量	—	3.52	0.057	—	—
X_1	1	0.06	0.045	0.226 6	
X_2	1	0.06	0.045	0.226 6	
X_3	1	0.25	0.045	0.000 9	**
X_1X_2	1	0.08	0.064	0.251 5	
X_1X_3	1	0.17	0.064	0.036 6	*
X_2X_3	1	−0.06	0.064	0.379 8	
X_1^2	1	−0.31	0.062	0.001 5	**
X_2^2	1	0.016	0.062	0.810 9	*
X_3^2	1	−044	0.062	0.000 2	**

2.3.3.2 响应面图形分析

响应面图形是响应值对各实验因子 X_1、X_2、X_3 所构成的三维空间曲面图，从响应面分析图上可找出最佳参数及各参数之间的相互作用。

从图 2-7 可以看出，响应面开口均向下，随着每个因素变量的增大，响应值也增大，当响应值增大到极值后，随各因素变量的增加，响应值逐渐减小。响应面曲线越陡，说明因子对响应值的影响越显著，这和方差分析的结果相一致。

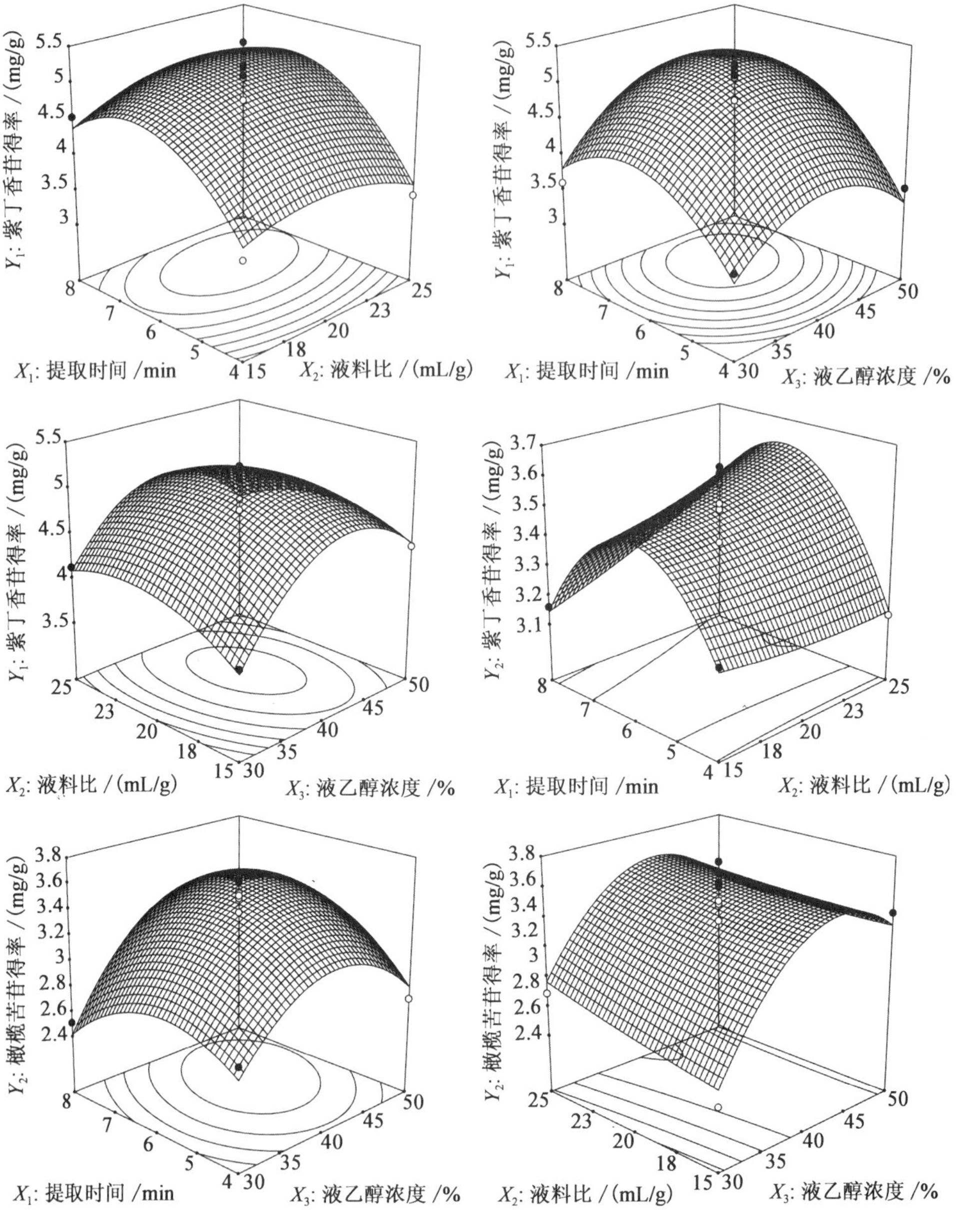

图 2-7　各因素交互影响紫丁香苷、橄榄苦苷提取得率的响应曲面图

Fig. 2-7　Response surface plots of the effects among fators on the extraction yields of syringin and oleuropein

2.3.3.3 最佳提取条件的确定和实验验证

通过软件对回归方程进行分析处理，获得最优提取工艺参数为：提取时间 6.65 min，液料比 20.14 mL/g，乙醇浓度 42.16%。为方便实际应用，将参数进一步调整为提取时间 7 min，液料比 20 mL/g，乙醇浓度 42%。为了验证响应面法的可靠性，在最终优化条件下再重复实验 3 次，所得实验值与理论值见表 2-6。

表 2-6 紫丁香苷与橄榄苦苷提取得率的实验值与理论值比较

Table 2-6 Predicted and experimental yields of syringin and oleuropein

最佳提取条件			紫丁香苷提取得率/(mg/g)		橄榄苦苷提取得率/(mg/g)	
提取时间/min	液料比/(mL/g)	乙醇浓度/%	理论值	实验值	理论值	实验值
7	20	42	5.18	5.16±0.07	3.56	3.52±0.15

由表 2-6 中数据可见在最优提取条件下，紫丁香苷、橄榄苦苷提取得率实验值与理论值非常接近，证明了方程可靠性和统计学方法的有效性。

2.3.4 与传统提取方法比较

真空微波与微波、热回流两种提取方法的比较见表 2-7，显而易见，真空微波提取方法较提取得率显著高于其他两种方法，而且所用提取时间也最少。真空微波的优越性主要是由于其在真空条件下使提取溶剂沸点降低，除了缩短提取时间外，还可保护热敏感组分免受高温损害。这与文献[149,152]报道相一致。

表 2-7 真空微波、微波、热回流三种提取方法间提取得率和提取所用时间

Table 2-7 Comparative study of extraction yields and time among VMAE, MAE and HRE

提取方法	紫丁香苷		橄榄苦苷	
	提取时间/min	提取得率/(mg/g)	提取时间/min	提取得率/(mg/g)
真空微波	7	5.16±0.07	7	3.52±0.15
微波	12	4.18±0.08*	12	3.05±0.04*
热回流	30	4.11±0.07*	30	2.82±0.08*

* 表示与真空微波组比较差异显著($P<0.05$)。

2.4 本章小结

通过紫外-可见全波长扫描测定出紫丁香苷、橄榄苦苷的最大吸收波长，并通过对几种不同流动相体系检测，最终确定了 HPLC 同时测定紫丁香小枝中紫丁香苷、橄榄苦苷的色谱条件：流动相为甲醇：0.2%磷酸＝33 ∶ 67；检测波长：232 nm；柱温：室温；进样量：10 μL；流速：1 mL/min。紫丁香苷、橄榄苦苷在测定范围内，线性关系良好。该分析方法精密度高、重现性好、准确可靠。为紫丁香中紫丁香苷、橄榄苦苷的开发提供了快速、准确的定量测定方法。

采用非常规的真空微波法对紫丁香小枝中的紫丁香苷、橄榄苦苷进行了提取，在单因素实验的基础上对提取过程中的各因素采用响应面法进行了优化，得到最佳真空微波提取工艺条件为：提取时间 7 min，液料比 20 mL/g，乙醇浓度 42%，微波功率 120 W，真空度－0.08 MPa，浸泡时间 1 h。最佳条件下的验证实验表明，紫丁香苷、橄榄苦苷的提取得率分别可达到 5.16 mg/g 和 3.52 mg/g。与传统提取方法相比，除了缩短提取时间外，还可保护热敏感组分免受高温损害，提高目标组分提取得率。

3 紫丁香苷、橄榄苦苷大孔树脂分离技术优化

大孔吸附树脂(macroporous absorption resin)是一类不含交换基团并且具有大孔结构和较大比表面积的高分子吸附树脂,按其基本结构,可分为非极性、弱极性、中极性、极性和强极性等类型[153]。

大孔吸附树脂是吸附性和分子筛性原理相结合的分离材料,它的吸附性是由于范德华引力或产生氢键的结果,分子筛性是由于其本身多孔性结构的性质所决定[154]。不同有机物在树脂的吸附机理和筛分原理共同作用下,根据它们不同的吸附能力和分子量大小而实现分离[155,156]。大孔吸附树脂法具有物理化学稳定性高、吸附容量大、选择性好、吸附速度快、解吸条件温和、再生处理方便、操作简便、成本较低、可反复使用等优点。利用大孔吸附树脂从中药提取液中分离精制有效成分或有效部位已被广泛运用。

3.1 材料与仪器

3.1.1 实验材料

同2.1.1节。

3.1.2 试剂

紫丁香苷标准品(≥98%)	美国Sigma公司
橄榄苦苷标准品(≥98%)	美国Sigma公司

色谱级甲醇	J&K Chemical Ltd
去离子水	实验室自制
各种型号大孔树脂	沧州宝恩吸附材料科技有限公司
甲醇、乙醇、磷酸等分析纯试剂	市售

3.1.3 实验仪器与设备

717 型 Waters 高效液相色谱仪	美国 Waters 公司
BS210S 电子天平	北京 Sartorious 有限公司
LD2000-1 型电子天平	沈阳龙腾电子有限公司
M-50 型玻璃过滤器	上海玻璃仪器厂
手提式高速中药粉碎机	温岭市大德中药机械有限公司
SZ-93 自动双重纯水蒸馏器	上海亚荣生化仪器厂
HB-Ⅲ型循环水式多用真空泵	郑州长城科工贸有限公司
3K3O 型离心机	美国 Sigma 公司
HZS-HA 型水浴振荡器	哈尔滨市东联电子技术开发有限公司
WK-891 烘箱	重庆四达试验设备有限公司
RE-52AA 旋转蒸发仪	上海青浦沪西仪器厂
玻璃层析柱	哈尔滨恩达科技有限公司

3.2 实验方法

3.2.1 大孔树脂预处理

3.2.1.1 预处理流程

市售(工业级)新树脂使用前必须进行预处理,以除去树脂中所含少量的低聚物,有机物及有害离子,从而减少对实验的影响。树脂预处理的具体步骤为:

(1)树脂用无水乙醇浸泡 24 h,湿法装柱后用乙醇洗至流出液加水不呈浑浊为止,再用蒸馏水充分洗至无明显乙醇气味。

(2)加入高于树脂层 3～5 cm 的 3% HCl 溶液浸泡 2～4 h 后,用 3 BV 同样浓度的 HCl 溶液以 2 BV/h 流速通过树脂层进行酸洗,而后用蒸馏水充分淋洗,直至出口洗涤液 pH 呈中性。

(3)加入高于树脂层 3～5 cm 的 2% NaOH 溶液浸泡 2～4 h 后,用 3 BV 同样浓度的 NaOH 溶液以 2 BV/h 流速通过树脂层进行碱洗,最后用蒸馏水充分淋洗,直至出口洗涤液 pH 呈中性。同时用紫外分光光度计检测淋洗下来的蒸馏水,在 200 nm 处无吸收峰时,即为预处理完毕。

处理好的树脂滤除水分,置于具塞广口瓶中平衡水分 24 h。

3.2.1.2　树脂含水率测定

分别取上述树脂(3～5)g×3 份,于(105±3)℃烘干至恒重,计算含水率。

3.2.2　大孔树脂的再生

随着吸附-洗脱次数的增加,残留在树脂上而不能被洗脱下来的杂质会增加,导致树脂吸附力减弱或丧失,因此使用一段时间后,必须对树脂进行再生处理。一般采用 95%乙醇过柱洗脱至无色,同时以大量的二次蒸馏水洗去醇,再自柱上端泵入 3%～5%的 NaOH 溶液浸泡树脂 2～4 h,用 3～4 倍同浓度碱溶液通柱,最后用二次蒸馏水洗至 pH 呈中性即可重复使用。

3.2.3　上样粗提液制备

取已粉碎备好的紫丁香小枝,加入 20 倍量体积分数为 40%的乙醇,匀浆提取 10 min,得醇提液。将醇提液回收乙醇后滤过,加等量水,恢复至原体积,即得。采用 HPLC 法测得其中紫丁香苷、橄榄苦苷的浓度分别为 236 μg/mL、206 μg/mL。

3.2.4 大孔树脂初步筛选

大孔树脂的吸附过程具有可逆性，由于树脂的极性、孔径、比表面积不同，对有效成分的吸附作用强弱不同，解吸难易也有别。现实应用中，不仅要求树脂对目标组分吸附量大，还要求解吸率高，以保证最大限度回收有效成分。因此，通过静态吸附解吸实验对 HPD-100A、HPD-100B、HPD-700、HPD-450、HPD-450A、HPD-400A、HPD-750、DM130、HPD-600、ADS-17、HPD-417 等 11 种大孔树脂进行初步筛选，各型号树脂物理性质见表 3-1。

表 3-1 大孔吸附树脂的物理性质

Table 3-1 Chemical and physical properties of the tested resins

树脂商品名	比表面积/(m^2/g)	平均孔径/Å	粒径/mm	极性	含水率/%
HPD-100A	650～700	95～100	0.30～1.20	Non-polar	66.67
HPD-100B	500～580	120～160	0.30～1.25	Non-polar	61.49
HPD-700	650～700	85～90	0.30～1.20	Non-polar	66.10
HPD-450	500～550	90～110	0.30～1.20	Weak-polar	72.00
HPD-450A	500～550	90～100	0.30～1.25	Middle-polar	72.37
HPD-400A	500～550	85～90	0.30～1.20	Middle-polar	64.06
HPD-750	650～700	85～90	0.30～1.20	Middle-polar	57.58
DM130	500～550	90～100	0.30～1.25	Middle-polar	66.48
HPD-600	550～600	80	0.30～1.20	Polar	69.32
ADS-17	90～150	250～300	0.30～1.25	Hydrogen-bonding	51.06
HPD-417	90～150	250～300	0.30～1.25	Hydrogen-bonding	54.55

分别准确称取预处理好的大孔吸附树脂 0.5 g(绝干)，放入 250 mL 带塞锥形瓶中，然后分别加入制备好的粗提液 60 mL，将锥形瓶置于振

荡培养箱中，设定实验温度25℃，转速为100 r/min，吸附8 h后，过滤，分别用HPLC测定滤液（吸附液）中剩余的紫丁香苷、橄榄苦苷含量。取过滤后的树脂，精密加入90%乙醇60 mL，25℃恒温振荡8 h后，过滤，HPLC测定滤液（解吸液）中紫丁香苷、橄榄苦苷含量。通过计算不同树脂的吸附量、吸附率、解吸率，进行树脂的初步筛选。

树脂的吸附量：

$$Q_e=\frac{(C_0-C_e)V_i}{W}$$

树脂的吸附率：

$$E=\frac{C_0-C_e}{C_e}\times 100\%$$

Q_e：吸附量，mg/g；

E：吸附率，%；

V_i：样品溶液的体积，mL；

C_0：样品溶液中目标组分的质量浓度，μg/mL；

C_e：吸附平衡后溶液中目标组分的质量浓度，μg/mL；

W：大孔树脂干重，g。

树脂的解吸率：

$$D=\frac{C_d V_d}{(C_0-C_e)V_i}\times 100\%$$

D：解吸率，%；

C_d：解吸液中目标组分的质量浓度，μg/mL；

V_d：解吸液体积，mL；

C_0：样品溶液中目标组分的质量浓度，μg/mL；

C_e：吸附平衡后溶液中目标组分的质量浓度，μg/mL；

V_i：样品溶液的体积，mL。

每一型号树脂重复测定3次，结合各树脂吸附量和解吸率数据优选树脂2种。

3.2.5 树脂再次筛选

取3.2.4项中已选出的两种树脂进行不同浓度乙醇洗脱动力学考察。两树脂各取5 g(绝干)，置于540 mL粗提液中，将锥形瓶置于振荡培养箱中，设定实验温度25℃，转速为100 r/min，吸附过程中，于20 min、40 min、60 min、90 min、120 min、150 min、180 min、210 min、240 min、270 min、300 min、360 min各时间点取样1 mL，测定其中紫丁香苷、橄榄苦苷含量。待吸附完全后，取过滤后的两树脂，各精密分为5份，分别加入0%、10%、20%、30%、40%的乙醇，25℃恒温振荡，并于0 min、5 min、10 min、15 min、20 min、30 min、40 min、50 min、60 min取样测定其中紫丁香苷、橄榄苦苷含量。根据两树脂吸附、解吸数据绘制吸附、解吸动力学曲线，根据二者差异确定最优树脂。

3.2.6 浓度对吸附的影响(吸附等温线)

分别将18份0.5 g树脂(绝干)分为3组，每组分别置于6个不同浓度的粗提液中，分别于25℃、35℃、45℃，100 r/min振6 h后测定上清液中紫丁香苷、橄榄苦苷浓度，绘制吸附等温线。

3.2.7 动态吸附

将4 g HPD-100B大孔树脂湿法装入1.2 cm×40 cm的色谱柱中，树脂厚度约16.5 cm(柱床体积8 mL)。取粗提液(紫丁香苷：435 μg/mL；橄榄苦苷：422 μg/mL)分别以3 BV/h、4 BV/h、5 BV/h的流速过柱，分段收集过柱流出液，测定其中紫丁香苷、橄榄苦苷含量。按下式计算未吸附率：

$$未吸附率=\frac{流出液浓度}{上柱液浓度}\times 100\%$$

以上样流出液体积为横坐标，两组分含量为纵坐标，绘制泄漏曲线。当未吸附率为10%时，确认为泄漏点。

3.2.8 动态洗脱

按3.2.7项确定的动态吸附条件，取等量粗提液3份，并以同样流速上柱，分别通过HPD-100B树脂柱进行吸附，3根树脂柱分别用3 BV/h、4 BV/h、5 BV/h流速20%、40%乙醇陆续先后洗脱。分段收集洗脱液，测定各份洗脱液中紫丁香苷、橄榄苦苷含量。以洗脱液体积为横坐标，两组分含量为纵坐标，绘制洗脱曲线。

洗脱后的目标组分回收率通过下面公式计算：

$$Y=\frac{C_d V_d}{(C_0-C_a)V_p}\times 100\%$$

Y：目标组分回收率，%；

C_a：吸附流出液中目标组分质量浓度，μg/mL；

V_p：处理样品液体积，mL；

C_0：样品溶液中目标组分的质量浓度，μg/mL；

C_d：解吸液中目标组分的质量浓度，μg/mL；

V_d：解吸液体积，mL。

3.3 结果与讨论

3.3.1 大孔树脂初步筛选

将表3-1中所列大孔树脂进行静态吸附-解吸实验，每一型号树脂做3组平行测定，计算紫丁香苷、橄榄苦苷吸附量、吸附率、解吸率平均值。结果如图3-1，图3-2所示。

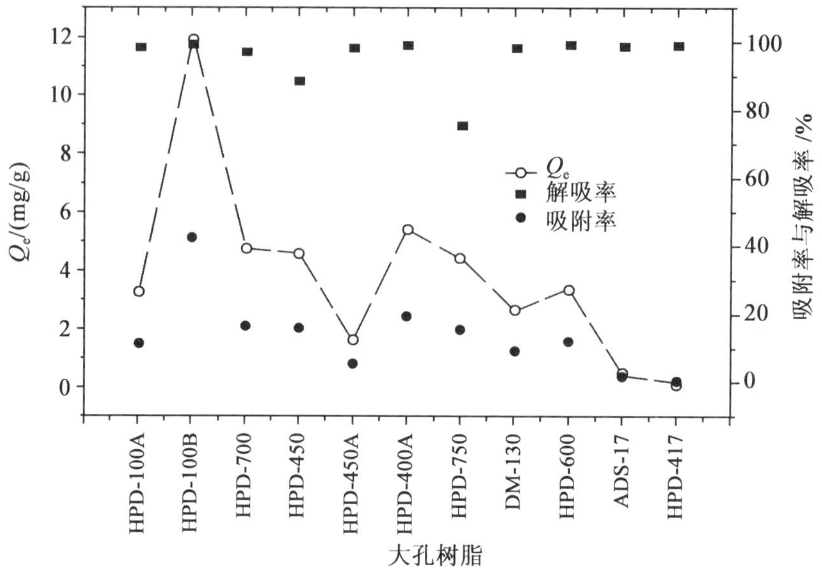

图 3-1　紫丁香苷在不同树脂上的静态吸附量(Q_e)、吸附率和解吸率

Fig. 3-1　Adsorption capacity (Q_e), adsorption and desorption ratio of syringin on different resins

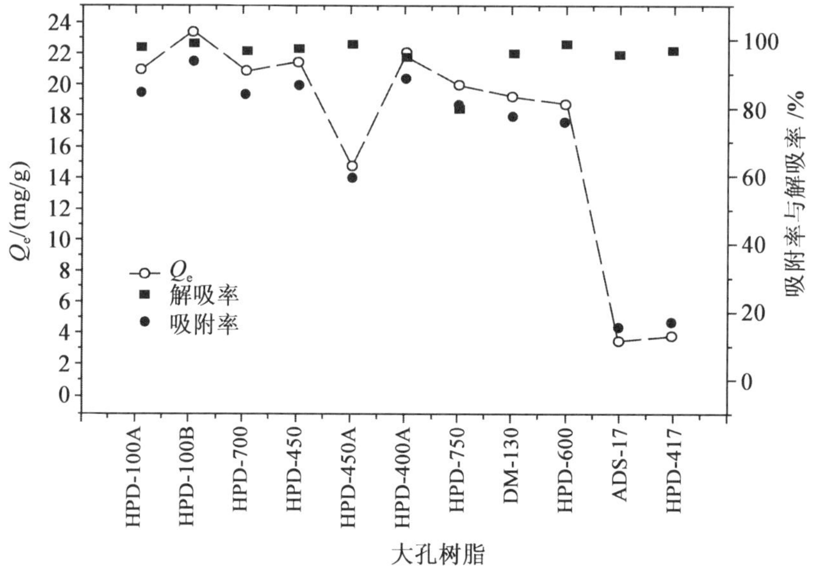

图 3-2　橄榄苦苷在不同树脂上的静态吸附量(Q_e)、吸附率(E)和解吸率(D)

Fig. 3-2　Adsorption capacity (Q_e), adsorption(E) and desorption ratio(D) of oleuropein on different resins

从图中可以看出11种大孔树脂对紫丁香苷、橄榄苦苷的吸附-解吸性能有较大差异，尤其是对紫丁香苷的吸附性能。从图中数据趋势可以看出树脂极性对树脂吸附-解吸紫丁香苷、橄榄苦苷性能的影响不是很大，HPD-100B属非极性树脂，HPD-400A属中等极性树脂，二者的吸附量、吸附率均优于其他树脂，且解吸率与其他树脂相当。因两种目标成分的分子量均较大，因此相对平均孔径较大的树脂更有利于吸附。在所有树脂中HPD-100B平均孔径相对较大，吸附能力最强。而两种氢键吸附树脂ADS-17、HPD-417对两种物质的吸附能力最差，说明氢键吸附类树脂不适于用于此类物质的分离。

仅用树脂的平衡吸附量和解吸率来评价吸附性能是不全面的，合适的树脂不仅要具有较大的吸附量、良好的解吸率，同时应具有较快的吸附速率，所以有必要对其静态吸附动力学特征进行研究。因此，选取HPD-100B、HPD-400A两种树脂进一步考察对紫丁香苷、橄榄苦苷的吸附动力学及分离能力。

3.3.2 大孔树脂进一步筛选

3.3.2.1 两大孔树脂吸附动力学

紫丁香苷、橄榄苦苷在两种树脂中的吸附动力曲线见图3-3。

如图3-3所示，两树脂对紫丁香苷吸附达到饱和均较快，在60 min左右达到吸附饱和，但在吸附饱和后时间里又出现解吸现象，使吸附量在达到最高点后，又呈些许下降趋势。橄榄苦苷在两树脂中均在240 min左右达到吸附饱和。紫丁香苷在达到吸附饱和后又出现解吸，分析原因可能是同一溶液体系中的橄榄苦苷竞争性吸附的作用。两种树脂相比较，HPD-100B(图3-3b)在吸附饱和时对两目标组分的吸附量均优于HPD-400A(图3-3a)，且紫丁香苷在HPD-100B树脂上吸附饱和后的解吸附量也小于HPD-400A。

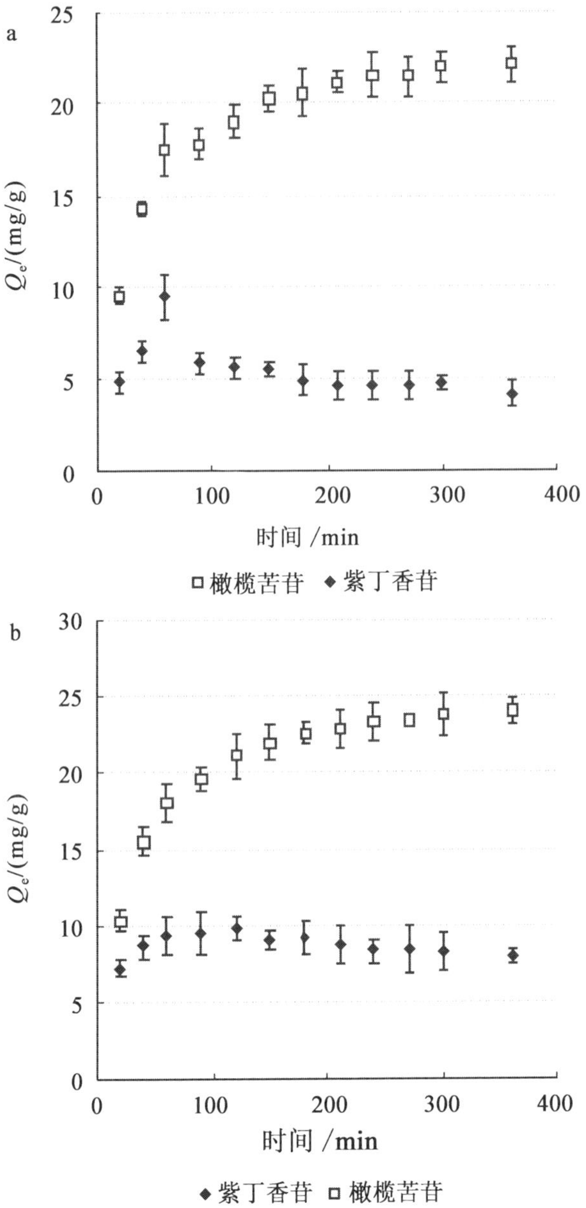

图 3-3　紫丁香苷和橄榄苦苷在两种树脂中的吸附动力学曲线

a. HPD-400A; b. HPD-100B

Fig. 3-3　The adsorption kinetic curves of syringin and oleuropein in different resins

a. HPD-400A; b. HPD-100B

3.3.2.2 两大孔树脂解吸动力学

紫丁香苷、橄榄苦苷在两种树脂中的解吸曲线见图 3-4。

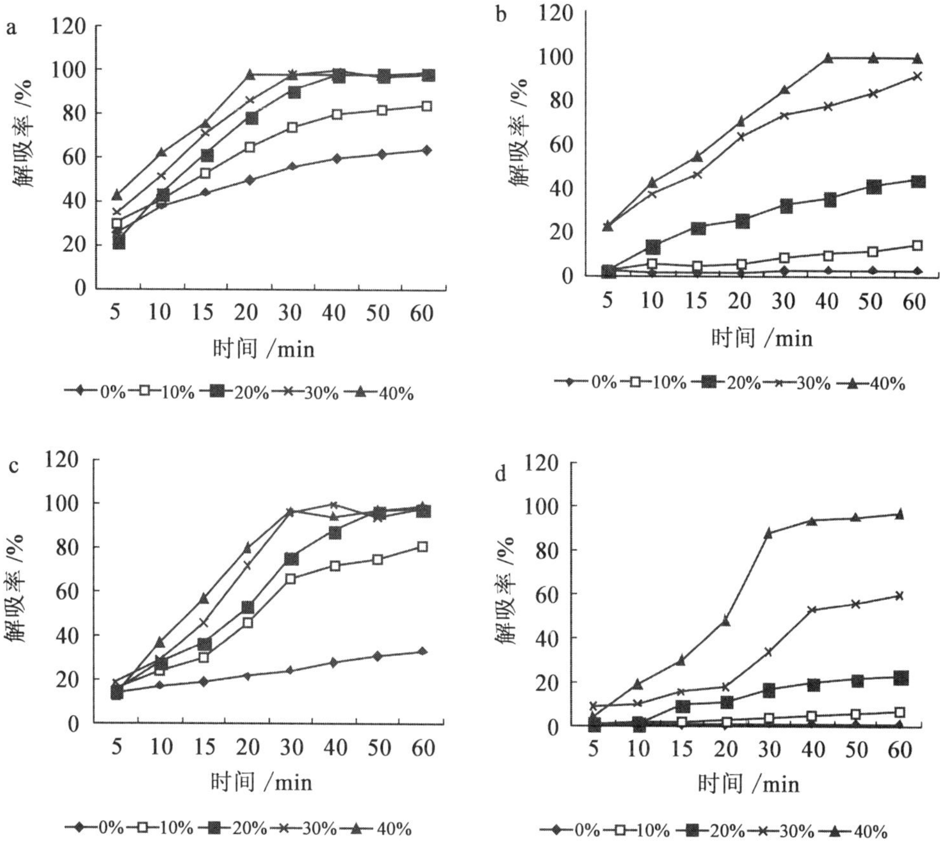

图 3-4 不同乙醇浓度下紫丁香苷和橄榄苦苷在两种树脂中的解吸曲线

a. 紫丁香苷在 HPD-400A 中的解吸曲线;b. 橄榄苦苷在 HPD-400A 中的解吸曲线;

c. 紫丁香苷在 HPD-100B 中的解吸曲线;d. 橄榄苦苷在 HPD-100B 中的解吸曲线

Fig. 3-4 The desorption curves of syringin and oleuropein in different ethanol concentration

a. the desorption curves of syringin in HPD-400A;

b. the desorption curves of oleuropein in HPD-400A;

c. the desorption curves of syringin in HPD-100B;

d. the desorption curves of oleuropein in HPD-100B

紫丁香苷在低浓度乙醇条件下在两种树脂中解吸效果均较好。如图 3-4a、图 3-4c 所示，乙醇浓度为 20%即可使两种树脂所吸附的紫丁香苷完全解吸，在 HPD-400A 中(图 3-4b)20%乙醇对橄榄苦苷的解吸率达 44.2%，而在 HPD-100B(图 3-4d)中仅为 23.1%。而橄榄苦苷完全解吸则需较高浓度乙醇，HPD-400A(图 3-4b)中使橄榄苦苷完全解吸乙醇浓度需达到 30%以上，HPD-100B(图 3-4d)中 40%以上乙醇可使其完全解吸。从分离两组分角度来看，通过两种浓度乙醇梯度洗脱可将紫丁香苷和橄榄苦苷从 HPD-100B 上分别洗脱下来，从而达到有效分离，而这一过程在 HPD-400A 树脂上则较难达到。

综合来看，无论吸附量还是两目标组分分离效果，HPD-100B 树脂均优于 HPD-400A 树脂。因此，选定 HPD-100B 树脂为最优树脂，进行后续研究。

3.3.3 浓度对吸附的影响(吸附等温线)

吸附等温线是指在一定温度下溶质分子在两相界面上进行的吸附过程达到平衡时它们在两相中浓度之间的关系曲线。由于 HPD-100B 对紫丁香苷、橄榄苦苷相对其他树脂具有更好的吸附性能，因此对两目标组分在 HPD-100B 上的吸附行为进行进一步研究。不同温度下紫丁香苷、橄榄苦苷在 HPD-100B 上的吸附等温线如图 3-5 所示。紫丁香苷吸附等温线斜率小于橄榄苦苷，说明 HPD-100B 树脂对橄榄苦苷的吸附力强于紫丁香苷。随溶质浓度升高两组分对应的吸附曲线斜率均降低，此类等温线表示溶剂对溶质的吸附影响很小，即溶剂无强烈竞争吸附能力。同时说明，两物质分子和树脂间的亲和力随着溶质浓度的增加而降低。随着温度的升高，树脂对目标组分的平衡吸附量降低；相同平衡质量浓度时，树脂吸附目标组分的量随温度的升高而减少，说明树脂吸附过程是个放热过程。

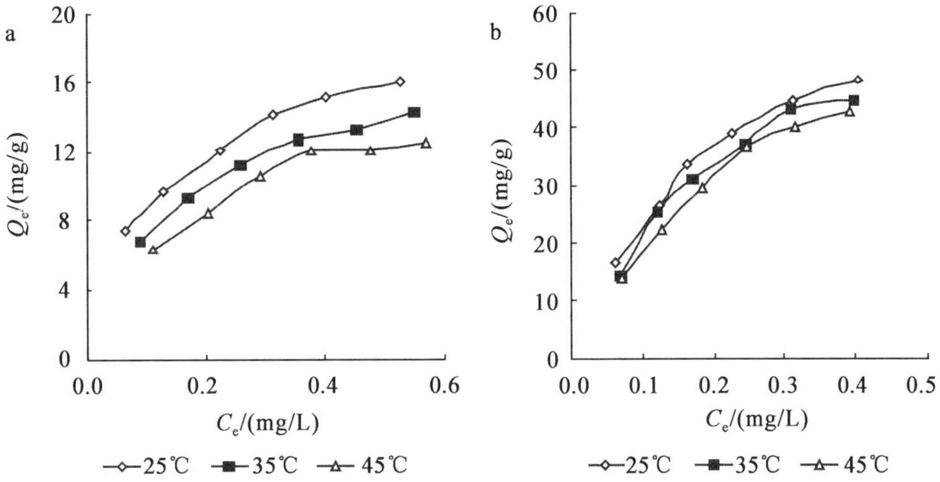

图 3-5 紫丁香苷、橄榄苦苷在 HPD-100B 树脂上的吸附等温线

a. 紫丁香苷；b. 橄榄苦苷

Fig. 3-5 Adsorption isotherms for syringin and oleuropein on HPD-100B resin at different temperatures

a. syringin; b. oleuropein

分别采用 Freundlich 型和 Langmuir 型吸附等温公式[157]对不同温度下树脂对两组分的吸附等温线数据进行拟合。

Langmuir 方程：

$$\frac{C_e}{q_e}=\frac{C_e}{q_0}+\frac{1}{Kq_0}$$

其中，K 为吸附平衡常数，q_0 为经验常数。以 C_e/q_e 对 C_e 作图得一直线，进行方程回归，并分析其 R^2，见图 3-6。

Freundlich 方程：

$$q_e=KC_e^n$$

其中，K 为常数，代表吸附容量；n 为经验常数，与吸附力大小有关。对方程两边同时取对数得线性方程：

$$\ln q_e=\ln K+n\ln C_e$$

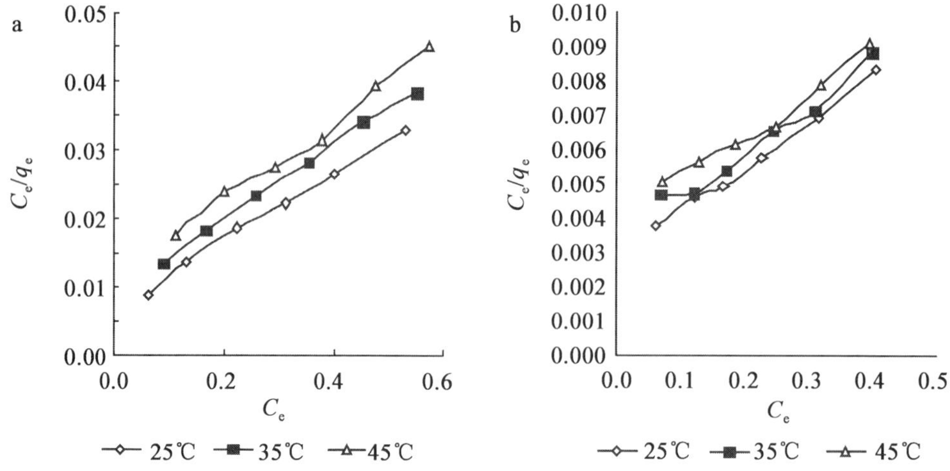

图 3-6 C_e/q_e 对 C_e 的线性拟合

a. 紫丁香苷；b. 橄榄苦苷

Fig. 3-6 The linearized form with C_e and C_e/q_e

a. syringin；b. oleuropein

进行方程回归并计算 R^2，见图 3-7。

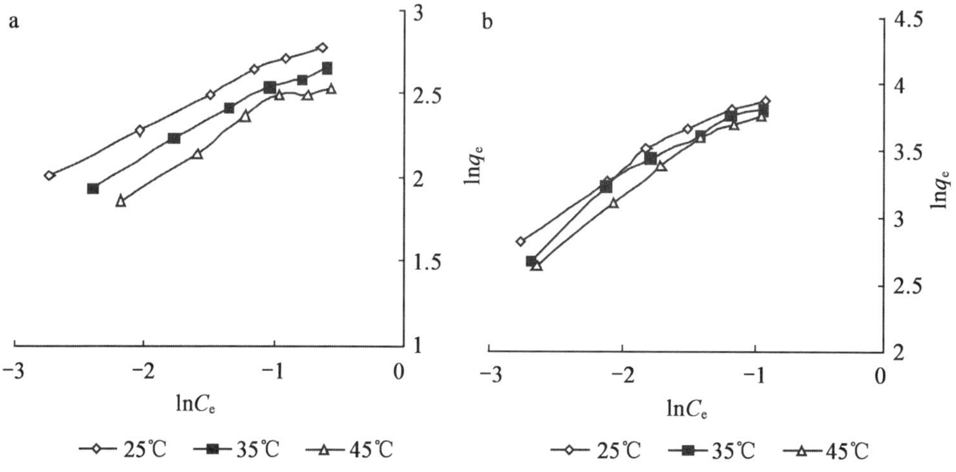

图 3-7 $\ln q_e$ 对 $\ln C_e$ 的线性拟合

a. 紫丁香苷；b. 橄榄苦苷

Fig. 3-7 The linearized form with $\ln q_e$ and $\ln C_e$

a. syringin；b. oeluropein

从表 3-2 可以看出紫丁香苷、橄榄苦苷在 HPD-100B 树脂上两吸附方程的相关系数均较高，说明 HPD-100B 树脂对两组分均具有较好的吸附性。两组分在较低温度下方程相关系数相对均高于高温度下的相关系数，因此选定 25℃作为最终吸附温度。

表 3-2 不同温度下紫丁香苷和橄榄苦苷在 HPD-100B 树脂上的 Langmuir 和 Freundlich 吸附参数

Table 3-2 Langmuir and Freundlich adsorption parameters of syringin and oleuropein on HPD-100B resin at different temperatures

成分	温度/℃	Langmuir 方程	R^2	Freundlich 方程	R^2
紫丁香苷	25	$C_e/q_e=0.0508\ C_e+0.0064$	0.995 5	$q_e=21.2C_e^{0.3815}$	0.993 3
	35	$C_e/q_e=0.0551\ C_e+0.0086$	0.988 3	$q_e=17.14C_e^{0.4037}$	0.988 2
	45	$C_e/q_e=0.0592\ C_e+0.0107$	0.988 7	$q_e=18.7C_e^{0.4344}$	0.957 8
橄榄苦苷	25	$C_e/q_e=0.0134\ C_e+0.0029$	0.995 1	$q_e=87.9C_e^{0.5775}$	0.977 2
	35	$C_e/q_e=0.013\ C_e+0.0034$	0.968 2	$q_e=89.5C_e^{0.6364}$	0.957 8
	45	$C_e/q_e=0.0124\ C_e+0.004$	0.976 5	$q_e=87.5C_e^{0.6705}$	0.967 9

3.3.4 动态吸附

当树脂对目标组分的吸附达到吸附饱和后，吸附行为就会慢慢停止。因此，需要建立相应的泄漏曲线用以评价树脂用量、粗提液用量以及合适的上样流速。紫丁香苷和橄榄苦苷在 HPD-100B 树脂上不同流速下的泄漏曲线见图 3-8。从图中可以看出，HPD-100B 树脂在树脂柱上对紫丁香苷和橄榄苦苷的吸附能力差异较大。在 3 BV/h 流速时，紫丁香苷在 14 BV 过柱流出液流出时即达到泄漏点，而橄榄苦苷在 61 BV 过柱流出液流出时才达到泄漏点。两组分均在最低流速下(3 BV/h)，吸附泄漏点出现的最晚，这可能是由于在流速较低时溶质在样品溶液中的扩散度也相应较好，这与文献[157]报道相一致。

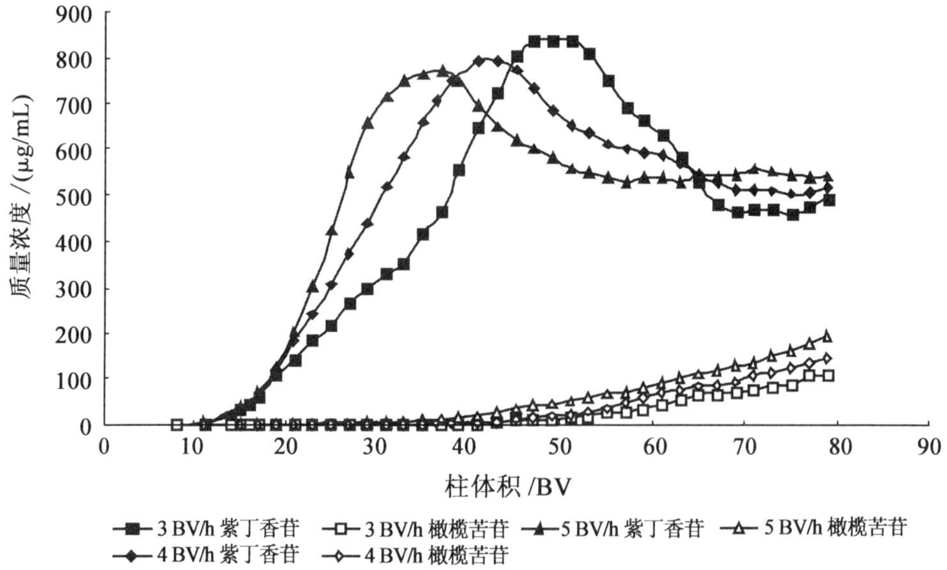

图 3-8　不同流速下的泄漏曲线

Fig. 3-8　Leakage curves with different current velocity

因为更低的流速将导致生产效率的降低,因此选定 3 BV/h 作为进一步研究的最佳吸附流速,并根据分析确定此流速下的最大上样量为:紫丁香苷提取液,28 mL/g 树脂;橄榄苦苷提取液,122 mL/g 树脂。换算为两组分的净含量和树脂的比值,最佳上样量为:紫丁香苷,12.2 mg/g 树脂;橄榄苦苷,51.5 mg/g 树脂。

由图 3-8 还可以看出,因两组分泄漏点间存在一定的时间差,在上样液流速为 3 BV/h 时 15～60 BV 合并,可得到紫丁香苷含量较高的流出液,且其中橄榄苦苷含量很少,合并后可用作进一步提纯研究,其合并液的液相色谱图见图 3-9b。其中紫丁香苷浓度为 0.57 mg/mL,换算为紫丁香苷量为 34.4 mg/g 树脂,远大于树脂上所吸附的紫丁香苷的量(12.2 mg/g 树脂)。

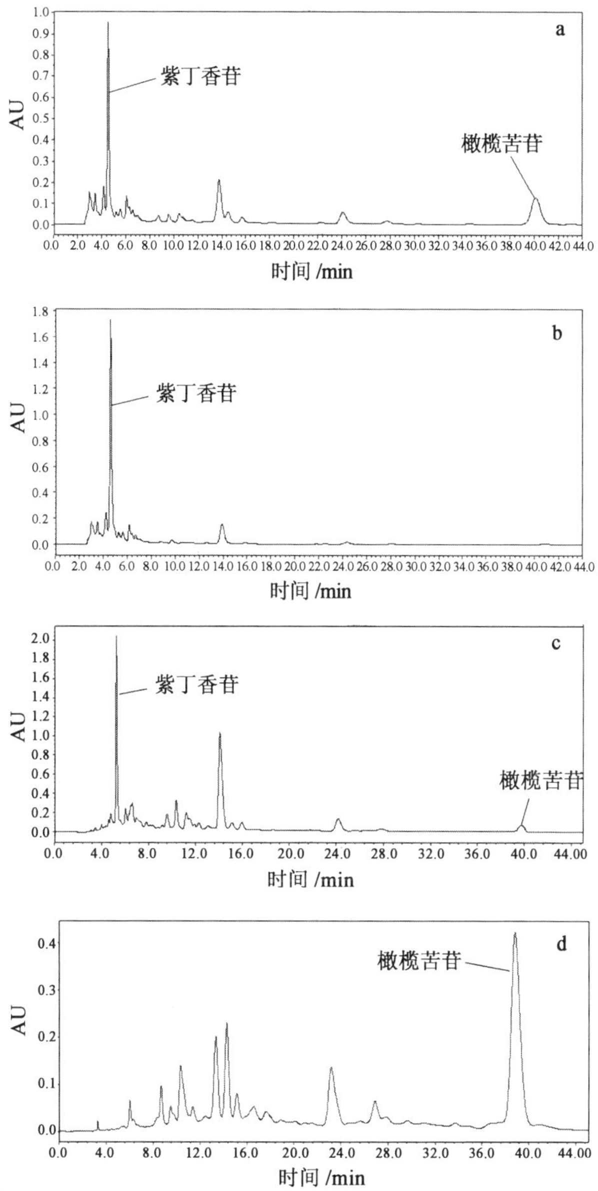

图 3-9 样品液过柱前后液相色谱图

a. 上柱前提取液;b. 吸附流出液(15～60 BV)c. 20%乙醇洗脱液;d. 40%乙醇洗脱液

Fig. 3-9 Chromatograms of sample solution before and after treatment with HPD-100B resin

a. before treatment; b. the effluent from resin column(15～60 BV);
c. 20% ethanol elution; d. 40% ethanol elution

3.3.5 动态洗脱

对洗脱液体积和洗脱液中物质浓度做图得两组分的动态解吸曲线。图 3-10 为 20％和 40％乙醇梯度洗脱的洗脱曲线。可见，20％乙醇条件下洗脱，HPD-100B 上所吸附的紫丁香苷几乎被完全洗脱下来，在后续的 40％洗脱过程中，基本未检测到紫丁香苷。同时在 20％乙醇洗脱过程中仅有少量橄榄苦苷被洗脱下来。总体来讲，可通过不同浓度乙醇，即 20％与 40％乙醇的梯度洗脱将紫丁香提取液中的紫丁香苷(图 3-9c)和橄榄苦苷(图 3-9d)从 HPD-100B 树脂上分别洗脱下来。

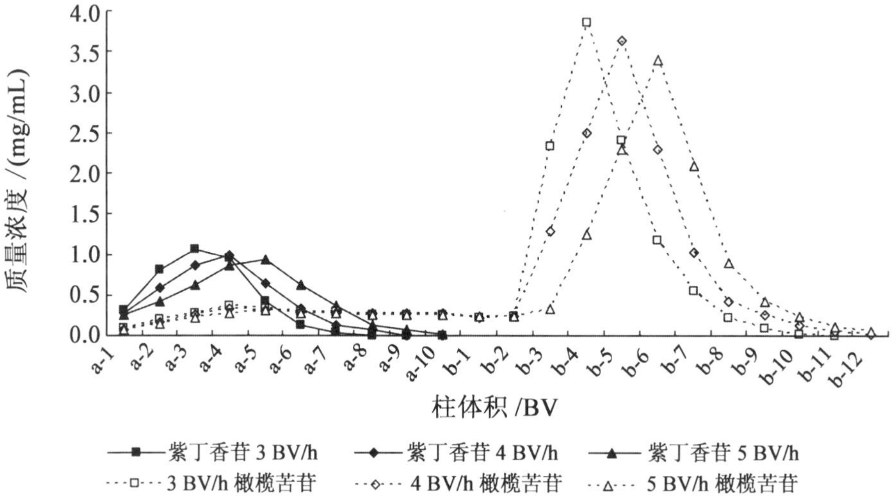

图 3-10 紫丁香苷和橄榄苦苷在 HPD-100B 树脂柱上不同洗脱流速下的动态解吸曲线

X 轴 a 系列：20％乙醇洗脱；*X* 轴 b 系列：40％乙醇洗脱

Fig. 3-10 Dynamic desorption curves of syringin and oleuropein on column packed with HPD-100B resin at different desorption flow rates

a series in axis represent 20％ ethanol elution;

b in series axis represent 40％ ethanol elution

从图 3-10 还可以看出，低流速(3 BV/h)下洗脱效果最好，但过低流速会降低洗脱效率，因此选定 3 BV/h 为适宜的洗脱流速。20％乙醇洗脱收集 7 BV 洗脱液即可将树脂柱中所吸附的紫丁香苷洗脱下来，然后用 40％乙醇洗脱，大约需要 9 BV 可将树脂柱中的橄榄苦苷完全洗脱下来。经计算，紫丁香苷、橄榄苦苷过大孔树脂后的纯度分别为，7.2％和 14.2％，分别为过柱前的 7.1 倍和 8.2 倍，且回收率分别为 77.4％和 89.8％。

3.3.6 树脂重复使用对其吸附能力的影响

与传统分离纯化方法相比，树脂柱吸附技术具有诸多优点，例如成本低、效率高、操作简单等。作为一种有效的富集方法，树脂柱吸附已被广泛应用于植物中次生代谢产物的大规模制备分离。考虑到树脂在实际分离中的应用，其再生及可重复利用性也是研究的重点内容之一。按 3.2.2 项下的大孔树脂的再生方法，将循环使用再生后的 HPD-100B 树脂吸附分离紫丁香苷、橄榄苦苷 5 次，测定结果见表 3-3。

表 3-3 HPD-100B 树脂的可重复利用性

Table 3-3 Results of reusability on HPD-100B resin

目标组分	乙醇浓度/％	BV	一次使用	重复利用第三次	重复利用第五次
紫丁香苷	20	1～7	26.6±1.34	25.7±2.31	23.2±1.62
橄榄苦苷	40	2～9	87.6±3.58	84.2±4.37	82.6±5.02

结果表明(表 3-3)经循环使用再生 5 次后的 HPD-100B 树脂，其对紫丁香苷、橄榄苦苷的吸附能力并未受显著影响，经再生后仍可重复利用多次。

3.4 本章小结

对紫丁香小枝中紫丁香苷、橄榄苦苷的分离富集进行了研究，结果表明：

(1)通过比较研究 11 种大孔树脂对紫丁香小枝提取液中紫丁香苷、橄榄苦苷的吸附、解吸性能，筛选出 HPD-100B 树脂作为分离富集两种目标组分的理想树脂，其吸附解吸性能均优于其他树脂。

(2)确定了 HPD-100B 大孔树脂最佳吸附系列参数：上样液浓度，紫丁香苷：435 μg/mL，橄榄苦苷：422 μg/mL；吸附温度 25℃；上样液流速 3 BV/h；饱和吸附量紫丁香苷为 12.2 mg/g 树脂，橄榄苦苷为 51.5 mg/g 树脂；此外，还发现紫丁香苷吸附泄漏点至橄榄苦苷吸附泄漏点出现之间的吸附流出液(15～60 BV)中含有大量的紫丁香苷，而基本不含橄榄苦苷，所以可将此部分收集，进行进一步分离纯化紫丁香苷。此部分紫丁香苷含量为 34.4 mg/g 树脂。

(3)确定了 HPD-100B 大孔树脂最佳解吸系列参数：解吸采用 20％和 40％乙醇梯度洗脱，其中 20％乙醇洗脱部分收集 7 BV，40％乙醇洗脱部分收集 9 BV，可将吸附的紫丁香苷、橄榄苦苷分别洗脱下来；洗脱流速 3 BV/h；紫丁香苷、橄榄苦苷过大孔树脂后的纯度分别为 7.2％和 14.2％，分别为过柱前的 7.1 倍和 8.2 倍，且回收率分别为 77.4％和 89.8％。

4 紫丁香苷、橄榄苦苷硅胶柱层析纯化

4.1 材料与设备

4.1.1 实验材料

紫丁香小枝提取液过 HPD-100B 大孔树脂后 20%洗脱液和 40%洗脱液经旋转蒸发至少量后冷冻干燥制得紫丁香苷粗提物、橄榄苦苷粗提物。

4.1.2 试剂

紫丁香苷标准品(≥98%)	美国 Sigma 公司
橄榄苦苷标准品(≥98%)	美国 Sigma 公司
色谱级甲醇	J&K Chemical Ltd
去离子水	实验室自制
各种型号大孔树脂	沧州宝恩吸附材料科技有限公司
甲醇、乙醇、乙酸乙酯、磷酸等分析纯试剂	市售

4.1.3 实验仪器与设备

717 型 Waters 高效液相色谱仪	美国 Waters 公司
BS210S 电子天平	北京 Sartorious 有限公司
LD2000-1 型电子天平	沈阳龙腾电子有限公司

M-50 型玻璃过滤器	上海玻璃仪器厂
手提式高速中药粉碎机	温岭市大德中药机械有限公司
SZ-93 自动双重纯水蒸馏器	上海亚荣生化仪器厂
HB-Ⅲ型循环水式多用真空泵	郑州长城科工贸有限公司
3K3O 型离心机	美国 Sigma 公司
HZS-HA 型水浴振荡器	哈尔滨市东联电子技术开发有限公司
WK-891 烘箱	重庆四达试验设备有限公司
RE-52AA 旋转蒸发仪	上海青浦沪西仪器厂
玻璃层析柱	哈尔滨恩达科技有限公司
柱层析用硅胶(60 目,100～200 目)	青岛海洋化工厂
薄层色谱硅胶预制板(HSGF254)	烟台市化学工业研究所
三用紫外分析仪	上海精科实业有限公司
玻璃点样毛细管(0.3 mm×100 mm)	华西医科大学仪器厂

4.2 实验方法

4.2.1 薄层层析(TLC)条件摸索

在进行硅胶柱层析分离纯化目标组分前,需进行 TLC 条件摸索。以确定柱层析所用的展开剂系统。

首先采用不同极性的单相有机溶剂系统:正丁醇、氯仿、乙酸乙酯、丙酮、甲醇作为展开剂,对紫丁香苷、橄榄苦苷标准品的点样点进行层析。在紫外分析仪上显色,然后根据两组分的 Rf 值结果进一步调整以不同极性有机溶剂混合配比进一步摸索展开剂条件。

Rf 值根据下式计算:

$$\text{Rf 值}=\frac{\text{原点至斑点中心距离}}{\text{原点至展开剂前沿距离}}$$

4.2.2 硅胶颗粒度的评价

取 4.1.1 节所述紫丁香苷、橄榄苦苷粗品，4.2.1 节所确定的展开剂比例，样品与硅胶比例 1∶40，采用玻璃层析柱(内径 1.8 cm)，以径高比 1∶10，流速 0.6 cm/min，接样量每管 8 mL。分别考察 60 目、100～200 目、200～300 目的硅胶，每管取样 TLC 跟踪检测，进行分段收集含有紫丁香苷或橄榄苦苷的洗脱液，HPLC 检测，合并蒸干，测定纯度，计算回收率，确定最佳硅胶粒度。

4.2.3 流速的确定

取 4.1.1 节所述紫丁香苷、橄榄苦苷粗品，以 4.2.2 节中确定的过柱条件，分别将流速调到 0.2 cm/min、0.4 cm/min 和 0.6 cm/min、0.8 cm/min、1 cm/min 进行柱层析，每管取样 TLC 跟踪检测，进行分段收集含有紫丁香苷或橄榄苦苷的洗脱液，HPLC 检测，合并蒸干，测定纯度，计算回收率，确定最佳洗脱流速。

4.2.4 负载量的确定

取 4.1.1 节所述紫丁香苷、橄榄苦苷粗品，以 4.2.2 节中确定的过柱条件，分别将上样量与硅胶量比调整为 1∶30、1∶40 和 1∶50 进行柱层析，每管取样 TLC 跟踪检测，进行分段收集含有紫丁香苷或橄榄苦苷的洗脱液，HPLC 检测，合并蒸干，测定纯度，计算回收率，确定最佳负载量。

4.2.5 硅胶的再生

使用后的硅胶中残留较多杂质，柱体变为淡黄色，依次用适量乙醇、蒸馏水洗涤，过滤后于 110℃烘箱干燥 8 h 可得到再生的硅胶。按已确定的最佳层析条件重复利用再生硅胶进行层析分离，测定分离后样品纯度，计算回收率。

4.3 结果与讨论

4.3.1 TLC条件摸索

在硅胶柱分离的过程中，采用TLC法监测分离情况。如果展开剂选择不当，可能导致各成分Rf值相近，不能很好地分离。对紫丁香苷、橄榄苦苷在薄层层析板上点样后分别在不同的单相有机溶剂中跑板，结果见图4-1。如图所示，正丁醇和氯仿两展开剂跑板时未见点样斑点有任何移动，在乙酸乙酯展开剂中，点样斑点略有移动，而在丙酮展开剂中

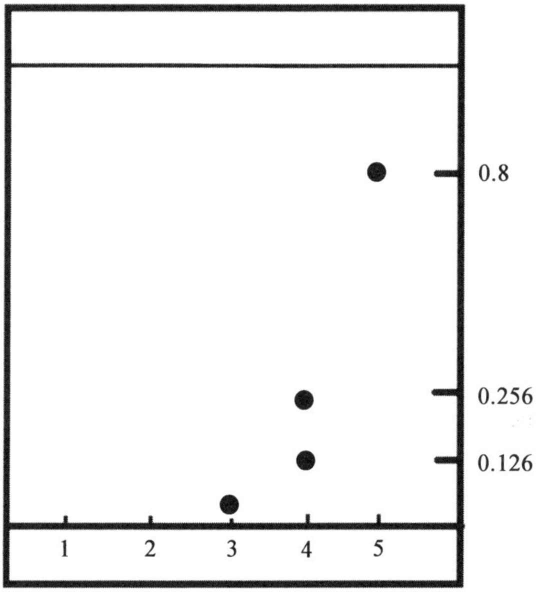

图4-1 单相有机溶剂中TLC图

1. 正丁醇；2. 氯仿；3. 乙酸乙酯；4. 丙酮；5. 甲醇

Fig. 4-1 The TLC pattern of syringin and oleuropein in different organic solvent

1. n-butanol; 2. chloroform; 3. ethyl acetate; 4. acetone; 5. methanol

紫丁香苷 Rf 值为 0.126,橄榄苦苷 Rf 值为 0.256,但两斑点拖尾较严重,在甲醇中仅见一个斑点,Rf 值为 0.8。考虑到实验成本、溶剂毒性以及拖尾现象,初步选择乙酸乙酯、甲醇、水三相溶剂作为展开剂进行下一步研究。

先以弱极性溶剂(乙酸乙酯)与强极性(甲醇)溶剂 3∶1 形成两相展开剂再次跑板。结果紫丁香苷 Rf 值 0.424,橄榄苦苷的 Rf 值为 0.636,斑点略有拖尾。考虑 Rf 值过大,进一步减小展开剂极性将其比例调整为乙酸乙酯∶甲醇:水为 12∶1∶0.2,加少量水调整极性,且可消除拖尾现象。此比例展开剂条件下,紫丁香苷 Rf 值为 0.159,橄榄苦苷 Rf 值为 0.325。且与其他杂质间分离度较好。但对于橄榄苦苷 Rf 值仍略高,因此进一步调小展开剂极性使其乙酸乙酯∶甲醇∶水比例为 16∶1∶0.2,此条件下紫丁香苷、橄榄苦苷 Rf 值分别为 0.064 和 0.18。在此 Rf 值条件下可以此展开剂组成进行硅胶柱层析,进一步分离纯化橄榄苦苷。

4.3.2 硅胶粒度考察

硅胶的化学成分是二氧化硅,是柱层析常用的固定相之一。硅胶粒度的大小直接影响柱层析的分离效果。一般来讲,硅胶粒度越小,即目数越大,对样品的分离效果越好,但是如果硅胶粒度过小,不仅成本较高,而且会大大降低洗脱流速,延长柱层析时间以及洗脱剂用量。因此,进行硅胶颗粒度考察以确定适宜的硅胶粒度。

图 4-2 表明,随硅胶目数的增大,两组分的柱层析回收率先升高后降低,200～300 目的硅胶粒度分离得到的样品纯度最高,但所耗时间及试剂用量也最高,并且样品回收率大大降低。而 100～200 目硅胶分离得到的终产品纯度、回收率均较理想,所以综合考虑选择 100～200 目硅胶作为最佳硅胶目数。

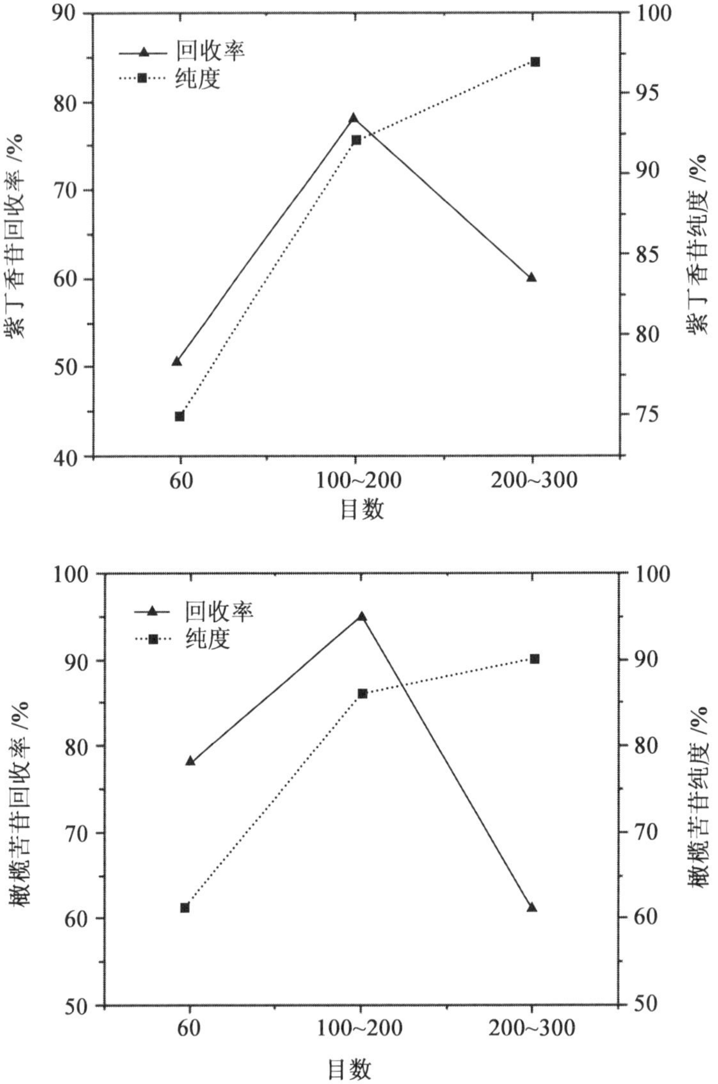

图 4-2 不同硅胶目数下的柱层析效果

Fig. 4-2 Effect of different mesh of silica gel on column chromatography

4.3.3 洗脱流速考察

保持其他条件不变，改变层析时的空塔流速，洗脱剂流速对层析分离效果的影响如图 4-3 所示，当洗脱流速较低时，紫丁香苷、橄榄苦苷的纯度和回收率均较低，且分离所需的时间较长，这可能是由于流速太低导致轴向扩散的影响增大，从而使层析效果变差。当流速变大时，分离效果得到改善，且分离周期也相应缩短，提高了生产效率。但当流速过大(0.8 cm/min 和 1 cm/min)时，两相间的浓度难以分配平衡也导致分离效果不佳，拖尾明显，且洗脱剂耗量较大。当流速为 0.6 cm/min 时，紫丁香苷、橄榄苦苷回收率分别达到 78.28%、95.04%，纯度分别为 95.11%、85.98%。

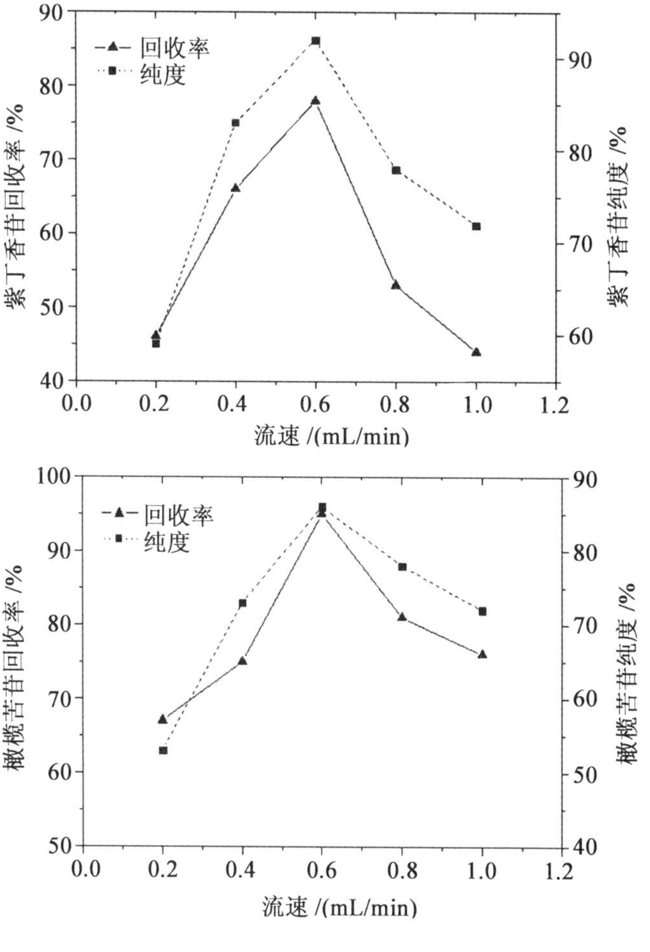

图 4-3 不同流速下的柱层析效果

Fig. 4-3 Effect of different flow rate on column chromatography

4.3.4 负载量考察

采用 100～200 目硅胶，0. 6 cm/min 流速进行洗脱，硅胶负载量分别为 5 mg/g、15 mg/g、25 mg/g、35 mg/g、45 mg/g 条件下进行柱层析，结果如图 4-4 所示。紫丁香苷粗品在负载量为 25 mg/g 时，过柱后产品

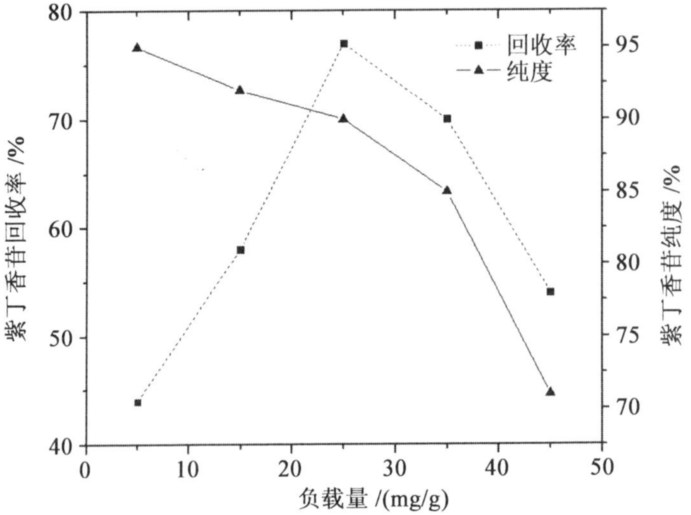

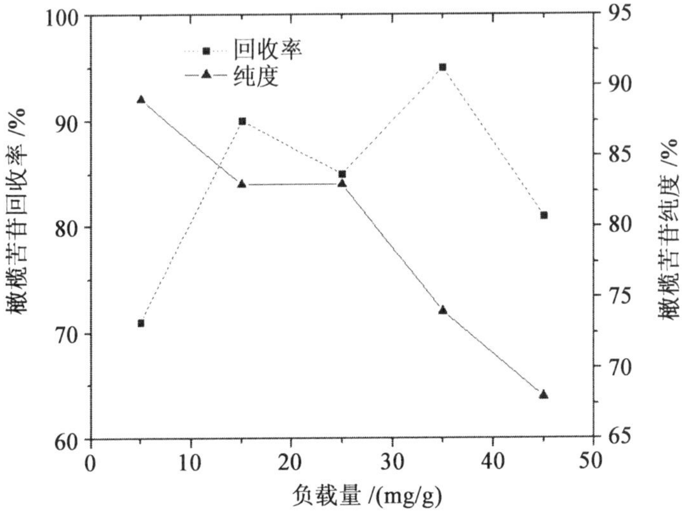

图 4-4 不同负载量下的柱层析效果

Fig. 4-4 Effect of different sample load of silica gel on column chromatography

纯度(90.25%)和回收率(77.13%)均较高,随负载量的增加,紫丁香苷回收率呈下降趋势。虽然低负载量时的两目标产物纯度均较高,但回收率较低,所以综合考虑,紫丁香苷粗品负载量为 25 mg/g 较为适宜。橄榄苦苷综合考虑产品纯度及回收率负载量为 15 mg/g 时,橄榄苦苷的回收率可达 90.11%,纯度为 83.04%,优于其他负载量下的结果,因此选择此负载量为橄榄苦苷粗品最佳负载量。

4.3.5 层析柱的再生

层析利用过的硅胶柱中残留较多杂质,柱体变为淡黄色,采用适量乙醇、蒸馏水洗脱后,重复进行 5 次层析分离(图 4-5),结果表明,每次得

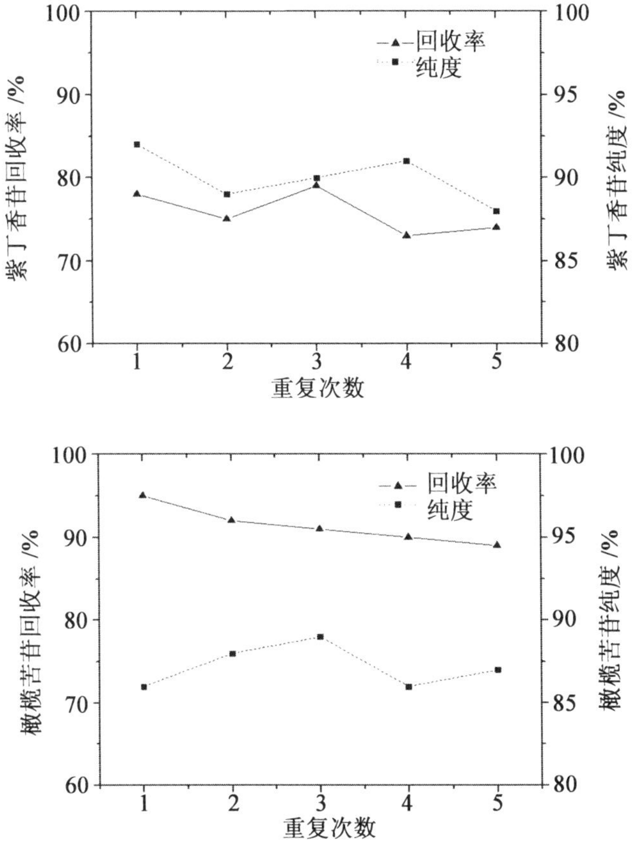

图 4-5 连续 5 次层析分离的结果

Fig. 4-5 Results of consecutive column chromatography for five times

到的紫丁香苷和橄榄苦苷纯度和回收率差异不显著,重复性较好,层析柱层析效果基本未受影响。乙醇极性较大,能有效地洗脱硅胶柱上吸附的极性杂质成分,使层析柱恢复到初始状态。说明乙醇再生,流动相平衡可以使层析柱重复利用多次。硅胶柱吸附分离前后成分变化的HPLC分析结果见图4-6。

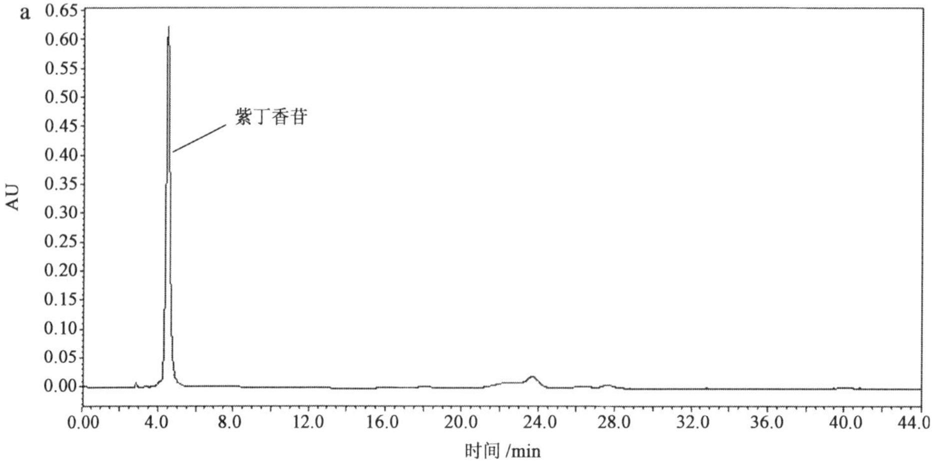

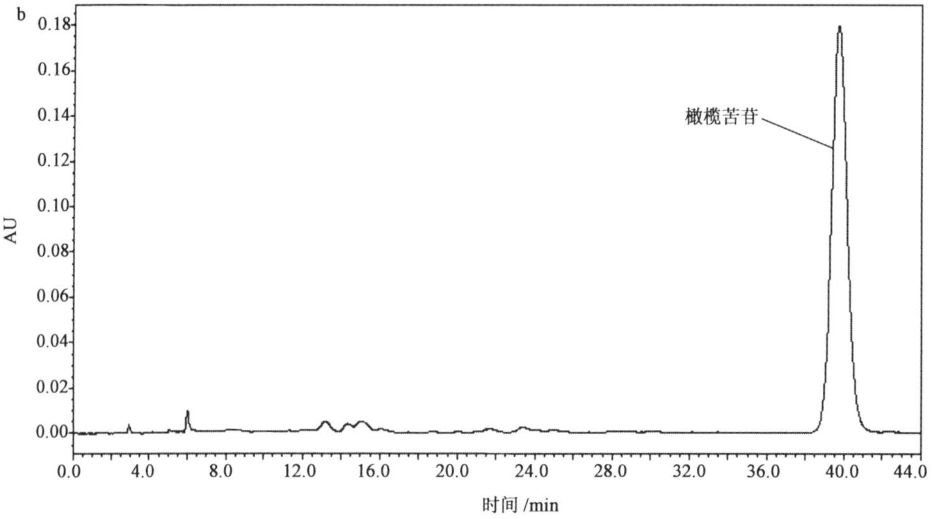

图 4-6 硅胶柱吸附分离后两目标组分的 HPLC 谱图

a. 紫丁香苷;b. 橄榄苦苷

Fig. 4-6 Chromatogram of the products

a. syringin; b. oleuropein

4.4 本章小结

本章对紫丁香苷、橄榄苦苷粗品的硅胶柱层析条件分别进行了考察，最终确定两目标组分的柱层析条件如下：

(1)紫丁香苷：最佳洗脱剂比例为乙酸乙酯∶甲醇∶水为12∶1∶0.2，硅胶粒度为100～200目，径高比1∶10，洗脱流速0.6 cm/min，负载量为25 mg粗提物/g硅胶，最终得紫丁香苷纯度可达92%，回收率达78%。

(2) 橄榄苦苷：最佳洗脱剂比例为乙酸乙酯∶甲醇∶水为16∶1∶0.2，硅胶粒度为100～200目，径高比1∶10，洗脱流速0.6 cm/min，负载量15 mg粗提物/g硅胶，最终得橄榄苦苷纯度可达86%，回收率达85%。

5 离子交换树脂水解橄榄苦苷制备羟基酪醇

羟基酪醇(hydroxytyrosol,HT),又名3,4-二羟基苯乙醇,是一种天然多酚类化合物,因其具有的邻苯二酚结构,使其具有强抗氧化性[112,124],国外已将其添加到食品和化妆品中。此外,许多研究者还发现羟基酪醇还具有抗菌[128,129]、抗肿瘤[142,145]、心血管保护[132,134]、降血糖[161]以及对视网膜色素上皮细胞的保护[162]等多种生物和药理活性。

自然界中天然的羟基酪醇很少以游离的形式存在,目前羟基酪醇主要是从橄榄果、叶以及在制备橄榄油过程中产生的残渣和废水(OMWW)中分离出来的[158-160]。从OMWW中获取羟基酪醇方法的优点是对生产橄榄油所产生的废水进行废物利用,减少对环境的污染。但此方法需消耗大量溶剂,且羟基酪醇收率较低,不太适合工业化生产。此外,羟基酪醇的化学全合成报道[116-122]中,均存在起始原料和个别试剂价格昂贵,合成步骤较长,合成方法繁琐,或反应剧烈、耗费溶剂等缺点,不适合工业化生产。

因其所具备的多种有益于人体健康的生物药理活性,使其在食品添加剂、化妆品、保健食品和医药工业方面具有广阔的应用前景,寻求新的制备方法实现羟基酪醇的工业化生产成为近年来人们研究的热点问题。

5.1 材料与设备

5.1.1 实验材料

紫丁香小枝提取液过HPD-100B大孔树脂后20%洗脱液和40%洗

脱液经旋转蒸发至少量后冷冻干燥制得紫丁香苷粗提物、橄榄苦苷粗提物。橄榄苦苷粗品再经硅胶柱层析分离纯化后，得橄榄苦苷粗品，用于进一步制备羟基酪醇。

5.1.2 试剂

羟基酪醇标准品(≥98%)	美国 Sigma 公司
橄榄苦苷标准品(≥98%)	美国 Sigma 公司
色谱级甲醇	J&K Chemical Ltd
去离子水	实验室自制
甲醇、乙醇、乙酸乙酯、磷酸等分析纯试剂	市售

5.1.3 实验仪器与设备

717 型 Waters 高效液相色谱仪	美国 Waters 公司
BS210S 电子天平	北京 Sartorious 有限公司
LD2000-1 型电子天平	沈阳龙腾电子有限公司
M-50 型玻璃过滤器	上海玻璃仪器厂
手提式高速中药粉碎机	温岭市大德中药机械有限公司
SZ-93 自动双重纯水蒸馏器	上海亚荣生化仪器厂
HB-Ⅲ型循环水式多用真空泵	郑州长城科工贸有限公司
3K3O 型离心机	美国 Sigma 公司
HZS-HA 型水浴振荡器	哈尔滨市东联电子技术开发有限公司
WK-891 烘箱	重庆四达试验设备有限公司
RE-52AA 旋转蒸发仪	上海青浦沪西仪器厂
玻璃层析柱	哈尔滨恩达科技有限公司
各种型号离子交换树脂	天津南开大学化工厂

5.2 实验方法

5.2.1 树脂预处理及再生

5.2.1.1 离子交换树脂预处理

离子交换树脂的工业产品中,常含有少量低聚合物和未参加反应的单体,还含有铁、铅、铜等无机杂质,当树脂与水、酸、碱或其他溶液接触时,上述物质就会转入溶液中,影响产品质量,因此,新树脂在使用前必须进行预处理。

将备用的新树脂先用热水(清洁的自来水即可)反复清洗,热水温度为 70～80℃,开始浸洗时每 15 min 换水一次,浸洗时不要搅动,换水 4～5 次后,可隔约 30 min 换水 1 次,共换水 7～8 次,浸洗至浸洗水不带褐色,泡沫很少时结束。水洗后,再经酸碱处理,具体流程如下:

(1)用 4%～5% HCl 浸泡 12 h,而后弃去酸液。

(2)用 2～3 倍量的水冲洗至中性。

(3)用 4%～5% NaOH 浸泡 12 h,而后弃去碱液。

(4)用 2～3 倍量的水洗至中性。

(5)用 4%～5% HCl 浸泡 12 h,用水洗至 pH 6 以上待用。

5.2.1.2 离子交换树脂再生

在离子交换树脂使用过程中,经过一段时间运转后,往往其效能、交换容量会逐渐下降。这一般是由于树脂在运转过程中受到污染造成。因此应采取适当的措施进行再生处理,达到离子树脂的重复多次利用。

对于阳离子交换树脂可采用以下方式进行再生:首先用 3 BV 4%～5% NaOH 冲洗,再用 4%～5% HCl 冲洗,最后用蒸馏水洗至中性。

5.2.1.3 离子交换树脂含水率测定

分别称取(3～5) g×3 份各型号离子交换树脂,于(105±3)℃烘干至恒重，计算含水率。

5.2.2 羟基酪醇、橄榄苦苷的色谱条件

色谱柱为依利特 Hypersil BDS C_{18}柱(4.6 mm×250 mm,5 μm)，进样量 10 μL，体积流量 1 mL/min，柱温为室温，甲醇：水：磷酸为 36.5：63.5：0.2(V/V/V)为流动相，检测波长为 280 nm。

5.2.3 橄榄苦苷溶液制备

取 5.1.1 节所述橄榄苦苷粗品 1 g 溶于 1 400 mL 20%乙醇溶液中得橄榄苦苷溶液。低温避光保存备用。

5.2.4 离子交换树脂静态催化水解橄榄苦苷制备羟基酪醇

5.2.4.1 常规盐酸水解橄榄苦苷制备羟基酪醇

取 5.2.3 节所述橄榄苦苷溶液 5 mL，与 15 mL 0.5 M 的 HCl 混合，于 100℃水浴中水解 2 h。HPLC 检测水解前后溶液中橄榄苦苷、羟基酪醇含量。重复检测 3 次，结果取平均值。计算盐酸转化橄榄苦苷生成羟基酪醇的量(W_t)。

5.2.4.2 离子交换树脂水解性能比较

分别取各型号离子交换树脂 5 g(绝干)，加入 5.2.3 节所述橄榄苦苷溶液 50 mL，密封后置于事先调好温度(70℃)的水浴振荡器中，振荡速度为 100 r/min，振荡时间 4 h，取样检测其中橄榄苦苷、羟基酪醇含量。然后将树脂与水解液分离，用 50 mL 80%乙醇溶液洗脱，2 h 后取样检测样品中橄榄苦苷，羟基酪醇含量。将水解液与洗脱液数据相加，按下式计算水解率 P：

$$P=\frac{W_e}{W_t}\times 100\%$$

P:水解率,%;

W_e:树脂转化橄榄苦苷生成羟基酪醇的量,g;

W_t:盐酸转化橄榄苦苷生成羟基酪醇的量,g。

5.2.4.3 乙醇浓度对树脂水解过程的影响

取橄榄苦苷粗品按5.2.3节比例溶于不同浓度的乙醇溶液中,分别加入5.2.4.2节优选出来的三种树脂,密封后置于事先调好温度(70℃)的水浴振荡器中,振荡速度为100 r/min,振荡时间4 h,取样检测其中橄榄苦苷、羟基酪醇含量。然后将树脂与水解液分离,用80%乙醇溶液洗脱,2 h后取样检测样品中橄榄苦苷,羟基酪醇含量,计算水解率。

5.2.4.4 温度对树脂水解过程的影响

取橄榄苦苷粗品20%乙醇溶液,置于5.2.4.2节优选出来的不同型号三种树脂中,分别设5个温度梯度:30℃、40℃、50℃、60℃、70℃,密封后置于事先调好温度的水浴振荡器中,振荡速度为100 r/min,振荡时间4 h,取样检测其中橄榄苦苷、羟基酪醇含量。然后将树脂与水解液分离,用80%乙醇溶液洗脱,2 h后取样检测样品中橄榄苦苷,羟基酪醇含量,计算水解率。

5.2.4.5 离子交换树脂水解动力学

取5.2.4.2节优选出来的三种树脂进行水解-解吸动力学考察。取各型号树脂各20 g(绝干)置于200 mL橄榄苦苷溶液(20%乙醇溶解)中,水浴振荡培养,设定实验温度70℃,转速为100 r/min,水解过程中,于10 min、20 min、40 min、60 min、90 min、120 min、150 min、180 min、210 min、240 min、270 min、300 min各时间点取样1 mL,测定其中羟基酪醇、橄榄苦苷含量。然后将树脂及水解液过滤,向过滤后的树脂中加入80%乙醇200 mL,密封后于70℃恒温振荡,并于10 min、20 min、40 min、60 min、90 min、120 min取样测定其中羟基酪醇、橄榄苦苷含量。根据水解、解吸数据绘制水解、解吸动力学曲线。确定最佳水解-解吸时间。

5.2.4.6 离子交换树脂用量考察

取 5.2.4.2 项优选出来的三种树脂以树脂:橄榄苦苷溶液(W/V)为2%、4%、8%、12%、16%、20%不同比例进行水解,水解后取样测定其中羟基酪醇、橄榄苦苷含量。然后将树脂及水解液过滤,向过滤后的树脂中加入 80%乙醇,密封后于 70℃恒温振荡,解吸后取样测定其中羟基酪醇、橄榄苦苷含量。根据水解、解吸数据计算不同树脂用量条件下的橄榄苦苷水解率。

5.2.4.7 001 *7 离子交换树脂的水解速率常数与活化能

将 001 * 7 离子交换树脂与橄榄苦苷溶液以 8∶100(W/V,g/mL)比例混合密封后置于 40℃、50℃、60℃、70℃ 恒温振荡,分别于 10 min,20 min、40 min、60 min、90 min、120 min、150 min、180 min 各温度取样 1 mL,HPLC 分析其中羟基酪醇、橄榄苦苷含量。然后将树脂及水解液过滤,向过滤后的树脂中加入等量 80%乙醇,密封后于水浴中恒温振荡,分别于 10 min、20 min、40 min、60 min、90 min、120 min 取样测定其中羟基酪醇、橄榄苦苷含量。根据水解、解吸数据计算水解后羟基酪醇浓度。

5.2.5 离子交换树脂动态催化水解橄榄苦苷制备羟基酪醇

5.2.5.1 001 *7 离子交换树脂动态水解

将 18 g 001 * 7 离子交换树脂湿法装入 2 cm×40 cm 的色谱柱中,树脂厚度约 18 cm(柱床体积 20 mL)。取橄榄苦苷粗品 20%乙醇溶液分别以 2 h/BV 的流速过柱,柱温保持在 70℃,分段收集过柱流出液,测定其中羟基酪醇、橄榄苦苷含量。

以上样流出液体积为横坐标,两组分含量为纵坐标,绘制水解曲线。当橄榄苦苷流出浓度为上样浓度的 10%时确认为水解泄漏点。

5.2.5.2 001 *7 离子交换树脂动态解吸

将 001 * 7 离子交换树脂柱以下列条件进行动态水解:树脂和橄榄

苦苷(20%乙醇)溶液比为8∶100(W/V,g/mL)混合,柱温70℃,上样液流速2 h/BV,水解后以80%乙醇,0.5 h/BV流速对树脂柱进行洗脱。分段收集洗脱液,测定各份洗脱液中羟基酪醇、橄榄苦苷含量。以洗脱液体积为横坐标,两组分含量为纵坐标,绘制洗脱曲线。

5.3 结果与讨论

5.3.1 橄榄苦苷、羟基酪醇分析方法的建立

5.3.1.1 线性关系考察

精确称取橄榄苦苷标准品10 mg溶于20 mL甲醇,制成500 μg/mL的对照品储备液,再稀释为400 μg/mL、300 μg/mL、200 μg/mL、100 μg/mL、50 μg/mL系列浓度对照品溶液,用确定的色谱条件进行测定,并记录峰面积。精确称取羟基酪醇标准品12 mg溶于20 mL甲醇,制成600 μg/mL的对照品储备液,再稀释为400 μg/mL、200 μg/mL、100 μg/mL、50 μg/mL、20 μg/mL系列浓度对照品溶液,用确定的色谱条件进行测定,并记录峰面积。由峰面积(Y)和对照品溶液浓度(X)绘制标准曲线(图5-1),分别得两物质的回归方程:$Y_{橄榄苦苷}=3\ 134.6X-33\ 438$,$R^2=0.999$,$Y_{羟基酪醇}=13\ 845X-82\ 123$,$R^2=0.999\ 5$。结果表明,两物质均在测定范围内线性关系良好。

5.3.1.2 精密度实验

分别取200 μg/mL的两种物质混标溶液,重复进样6次,按确定的液相条件测定峰面积。橄榄苦苷RSD为1.49%,羟基酪醇RSD为1.15%。

5.3.1.3 稳定性实验

取橄榄苦苷粗品20%乙醇溶液及其盐酸水解液,按已确定色谱条

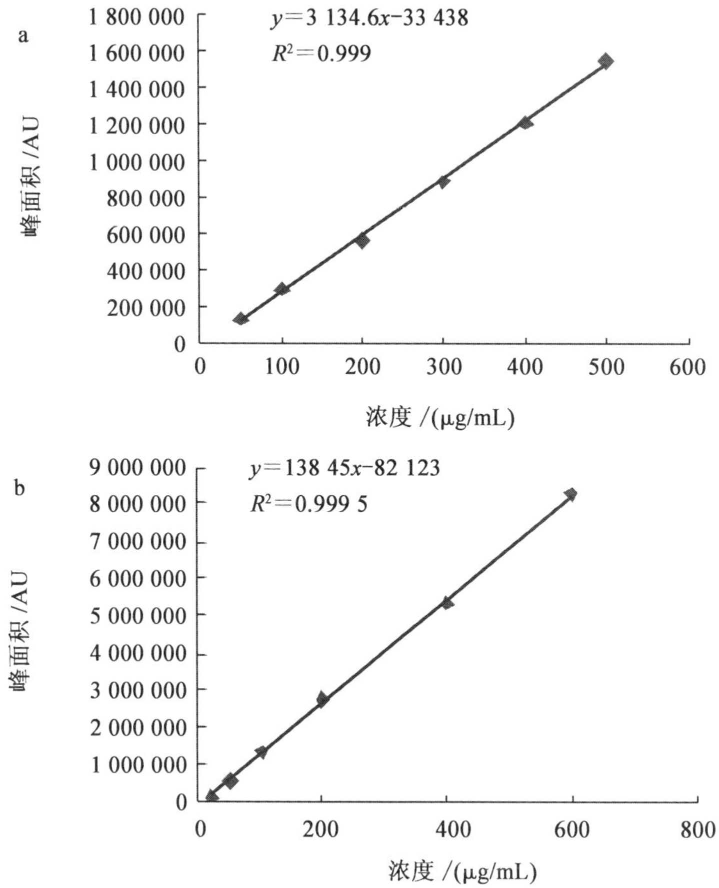

图 5-1 标准曲线

a. 橄榄苦苷；b. 羟基酪醇

Fig. 5-1 Standard curve

a. oleuropein; b. HT

件，分别于 0 h、2 h、4 h、8 h、12 h、24 h、36 h 测定，记录峰面积，橄榄苦苷、羟基酪醇的 RSD 分别为 1.41%、1.34%，表明标准品溶液 36 h 内稳定。

5.3.1.4 重复性实验

分别称取 6 份橄榄苦苷粗品 20% 乙醇溶液及其盐酸水解液，按已确定液相条件测定橄榄苦苷、羟基酪醇含量，其含量的 RSD 分别为 1.94%、1.37%。

5.3.1.5 加样回收率实验

取已知含量的同一批橄榄苦苷 6 份各 0.5 g，精密称定，用 20%乙醇溶液溶解后精密加入一定量的橄榄苦苷对照品溶液，另取 6 份 0.5 g 橄榄苦苷粗品，盐酸水解后精密加入一定量的羟基酪醇标准品，按已确定色谱条件测定各样品中两物质峰面积。结果表明，橄榄苦苷回收率为 98.6%，RSD 为 4.0%；羟基酪醇回收率为 99.3%，RSD 为 3.8%。

5.3.2 离子交换树脂静态催化水解橄榄苦苷条件优化

5.3.2.1 常规盐酸水解橄榄苦苷制备羟基酪醇

以 0.5 mol/L 盐酸水解橄榄苦苷羟基酪醇动态过程见图 5-2。橄榄苦苷盐酸水解前后液相色谱图见图 5-3。由图 5-2 中可以看出，随水解时间的延长，水解液中羟基酪醇浓度逐渐增加，在前 20 min 羟基酪醇浓度增加较快，到 60 min 左右达水解峰值，即盐酸水解橄榄苦苷大约需要 60 min。

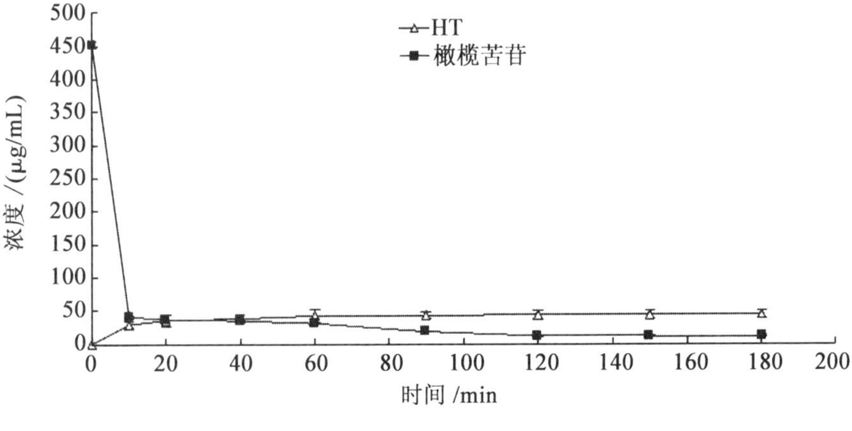

图 5-2 盐酸水解橄榄苦苷生成羟基酪醇时间浓度曲线

Fig. 5-2 Hhydrolytic kinetic curves of oleuropein by HCl solution

曾有研究[163]采用盐酸水解橄榄苦苷粗提物制备羟基酪醇，其橄榄苦苷转化率为56.3%。而由图5-3可以看出，橄榄苦苷经盐酸水解后，几乎全部被水解，转化率达92.66%。

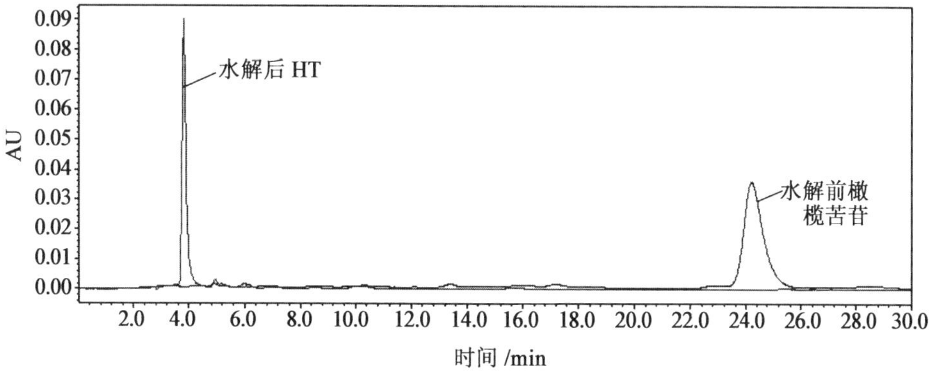

图 5-3 橄榄苦苷水解生成羟基酪醇前后液相色谱图

Fig. 5-3 Chromatograms of samples before and after hydrolysis

5.3.2.2 离子交换树脂水解性能比较

各型号离子交换树脂参数见表5-1。

表 5-1 各型号离子交换树脂的物理性质

Table 5-1 Physical properties of the ion exchange resins

商品名[a]	含水率 /%	交换基团	粒径范围 /mm	交换容量 /(mol/g-resin)	交换树脂类型[a]
001 * 7	56.84	—SO_3^-	0.315～1.25	4.2	强酸性阳离子
D72	58.00	—SO_3^-	0.315～1.25	4.2	强酸性阳离子
D61	57.18	—SO_3^-	0.315～1.25	4.2	强酸性阳离子
D152	57.39	—COOH	0.315～1.25	—[b]	弱酸性阳离子
110	58.54	—COOH	0.315～1.25	—[b]	弱酸性阳离子
D151	70.12	—COOH	0.315～1.25	—[b]	弱酸性阳离子
D113	51.97	—COOH	0.315～1.25	—[b]	弱酸性阳离子
WK11	54.34	—COOH	0.300～1.60	—[b]	弱酸性阳离子

[a] 树脂相关参数由生产厂商提供。
[b] 生产厂商未提供相关数据。

将已预处理的不同型号酸性阳离子交换树脂按 5.2.4.2 项所述方法进行静态水解实验，各树脂水解率见图 5-4。由图可见不同型号的离子交换树脂对橄榄苦苷的水解性能有所差异，在所考察的 9 种树脂中 001 * 7、D72、D61 表现出较高的水解率，分别为 80.0%、72.6% 和 75.8%，远高于其他型号树脂，而三者间差异不显著。因三者均属于具有—SO_3^- 交换基团的强酸性阳离子树脂，而其他树脂均为具有—COOH 交换基团的弱酸性阳离子树脂，可见树脂交换基团及其酸性强度是影响其水解能力的主要因素。3 种阳离子交换树脂的水解率均低于盐酸水解的水解率，但采用盐酸水解往往造成其回收困难，在工业生产中形成大量污染物排放。而离子交换树脂不仅使用上较前者安全[164,165]，且重复再生后可多次利用[166,167]。

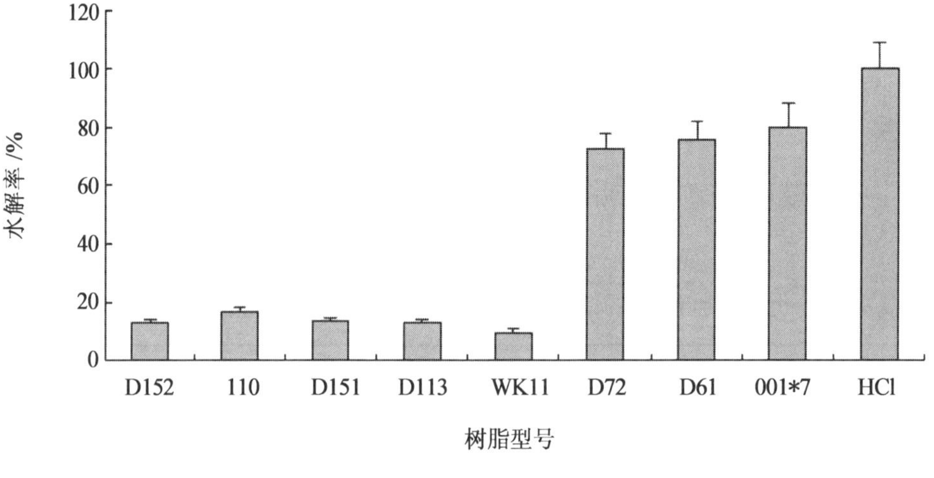

图 5-4　不同离子交换树脂水解橄榄苦苷水解率

Fig. 5-4　Hydrolysis rate of samples on different types of ion exchange resins

5.3.2.3　乙醇浓度对树脂水解过程的影响

乙醇浓度直接影响橄榄苦苷粗品的溶解性及离子交换树脂的水解性能，因此在不同乙醇浓度下进行了静态水解实验。结果如图 5-5 所示。可见随乙醇浓度升高，橄榄苦苷的溶解度逐渐增大，乙醇浓度达

40%以上后，橄榄苦苷浓度增加不显著。说明橄榄苦苷在水中溶解性较小，而易溶于乙醇溶液。

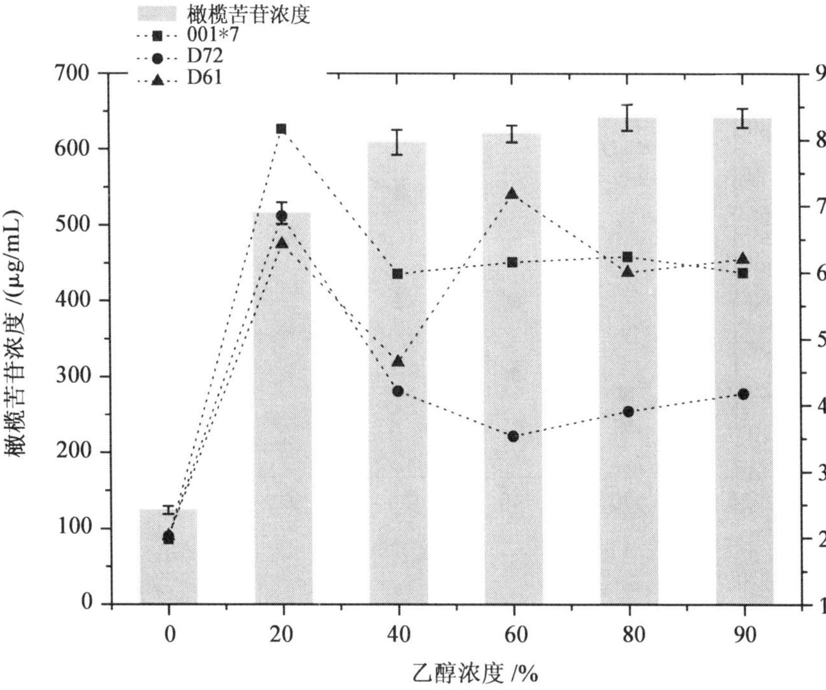

图 5-5　不同乙醇浓度下橄榄苦苷的溶解性及在不同离子树脂中对橄榄苦苷水解率的影响

Fig. 5-5　Effect of different ethanol concentrations on the dissolubility of oleuropein and the hydrolysis rate of oleuropein on different ion exchange resins

在不同乙醇浓度条件下，橄榄苦苷有所差异，当乙醇浓度为 20%时，水解率最高，001 * 7、D72、D61 分别为 81.6%、68.5%、64.2%，其中 001 * 7 表现最优。此外，20%乙醇在实际生产中所造成的污染较小，也较高浓度乙醇更易回收利用。因此，综合考虑橄榄苦苷溶解度、水解率和环境影响，最终采用 20%乙醇浓度作为最佳水解介质。

5.3.2.4 温度对树脂水解过程的影响

在常压下比较了30℃、40℃、50℃、60℃、70℃条件下，3种不同树脂对橄榄苦苷水解的影响，结果见图5-6。

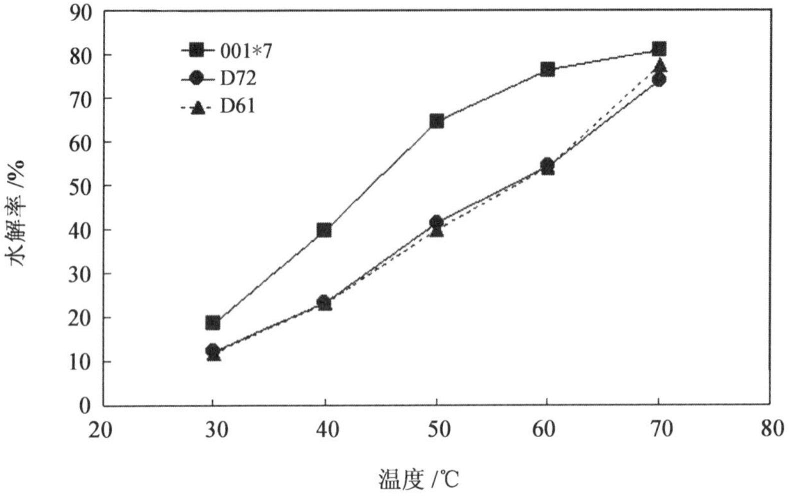

图5-6 不同温度下不同阳离子交换树脂对橄榄苦苷的水解率

Fig. 5-6 Hydrolysis rate of oleuropein on different cation exchange resins under different temperatures

离子交换树脂对酯键的水解反应属于吸热反应[168]，因此，温度升高有利于反应的进行。随温度升高001 * 7、D72、D61三树脂对橄榄苦苷的水解率也随之升高。3种阳离子交换树脂间比较，001 * 7树脂在所有温度点对橄榄苦苷的水解率均高于其他两种树脂。虽然高于70℃的温度可进一步提高树脂的水解效率，但过高温度将会造成乙醇大量挥发。基于此点考虑，选择70℃作为树脂水解橄榄苦苷的最佳温度条件。

5.3.2.5 离子交换树脂水解和解吸动态

在实际生产中，如设定的水解时间过短将导致橄榄苦苷水解不充分，如设定的水解时间过长将造成不必要的时间浪费，降低生产效率。因此有必要进行树脂水解和解吸附的时间动态考察，进一步确定阳离子交换树脂水解橄榄苦苷和被树脂吸附羟基酪醇解吸的最佳时间。结果如图 5-7、图 5-8 所示。

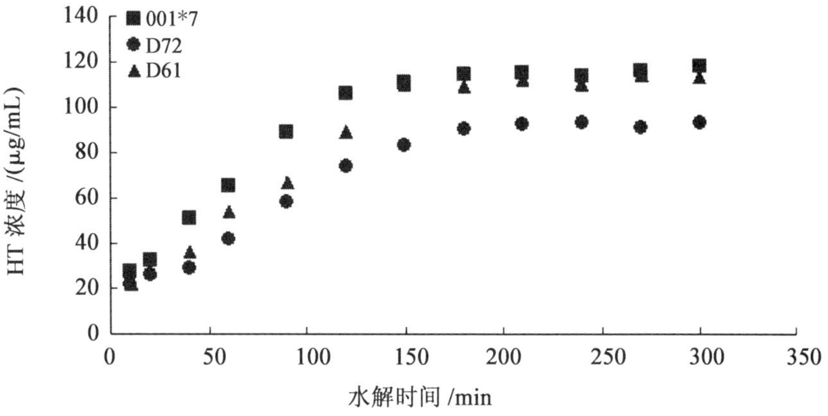

图 5-7　橄榄苦苷在 001 ＊7、D72、D61 三种阳离子树脂中的水解动态曲线

Fig. 5-7　Hydrolysis kinetics curves of oleuropein on 001 ＊ 7、D72、D61 resins

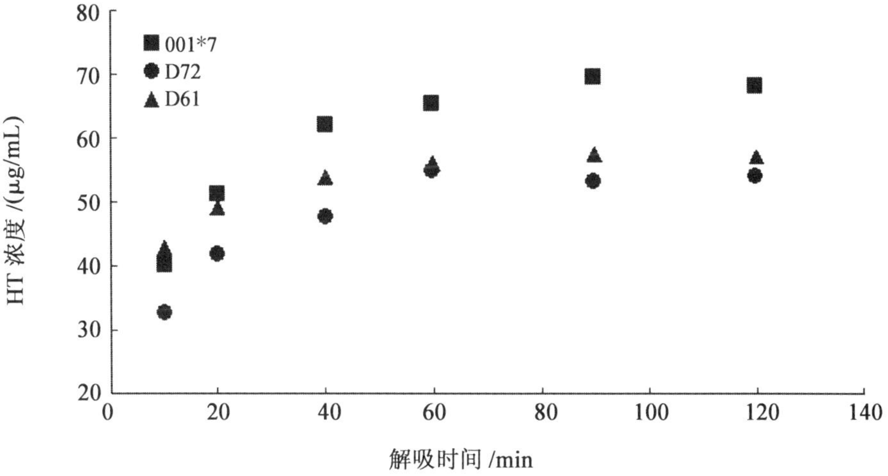

图 5-8　橄榄苦苷在 001 ＊7、D72、D61 三种阳离子树脂中的解吸动态曲线

Fig. 5-8　Desorption kinetics curves of oleuropein on 001 ＊ 7、D72、D61 resins

羟基酪醇浓度在 001 ＊ 7、D72、D61 三种树脂水解液中随时间变化曲线见图 5-7。在水解的前 120 min 羟基酪醇浓度增加较快，而后变慢，在 180 min 左右达到水解平衡。001 ＊ 7 树脂水解液中羟基酪醇浓度略高于其他两种树脂。由图 5-8 可见，三种树脂对羟基酪醇均具有一定的吸附作用，在解吸过程的前 40 min，羟基酪醇解析量随时间延长显著增加，之后速度变缓，至 90 min 左右达到平衡。从提高生产效率和节省能源角度考虑可适当减少二者时间，水解时间可选取 120 min（此时在 001 ＊ 7 水解液中羟基酪醇浓度为 180 min 时的 92.1%），解吸时间可选取 60 min（此时在 001 ＊ 7 解吸液中羟基酪醇浓度为 90 min 时的 94.2%）。综合以上各项结果可以看出，三种离子交换树脂中 001 ＊ 7 树脂均优于其他两种树脂，确定为最优树脂。

5.3.2.6 离子交换树脂用量考察

作为水解反应的催化剂，离子交换树脂的用量直接影响着水解反应的效率。由图 5-9 可以看出，仅当 001 ＊ 7 树脂用量低至 2%（*W*/*V*，树脂重/溶液体积）时，橄榄苦苷的水解率较低（57.2%），而当树脂量在4%～8%范围内时，各树脂用量间橄榄苦苷水解率差异不显著，均在 80% 左右。由此确定最佳离子交换树脂用量为 4%。

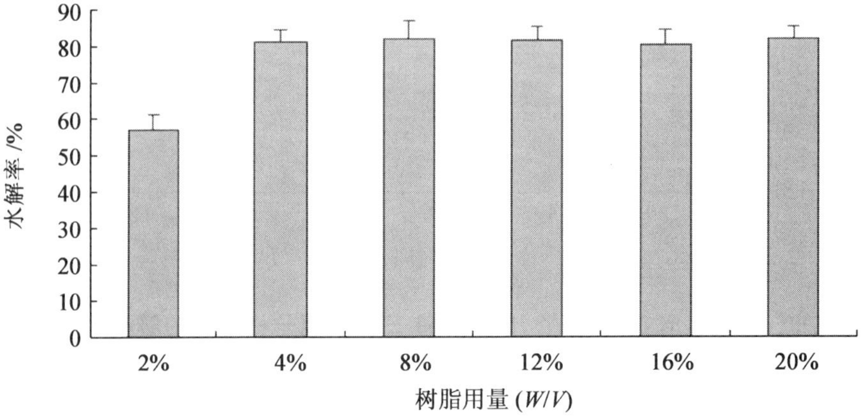

图 5-9 001 ＊7 树脂用量对水解反应的影响

Fig. 5-9 Effect of amount of 001 ＊7 resin on hydrolysis reaction

5.3.2.7 001 *7 离子交换树脂的水解速率常数与活化能

化学反应速率及相关动力学常数的测定是物理化学领域研究的重要内容之一。化学动力学的实验和科研工作常常涉及温度控制、时间记录及浓度测定等。因此,这 3 个变量之间的关系成了化学动力学研究的主题之一。为了进一步了解 001 *7 离子交换树脂对橄榄苦苷的水解条件和动力学参数,对不同温度条件下 001 *7 离子交换树脂水解橄榄苦苷所发生的变化进行考察,进而求得橄榄苦苷水解速率常数以及反应活化能,为实际生产提供可供参考的物理参数。

水解反应中,由于水的大量存在,橄榄苦苷水解反应可视为一级反应,其动力学方程[169]为:

$$-\frac{\mathrm{d}c}{\mathrm{d}t}=kc$$

此方程还可表示为:

$$\ln c=-kt+\ln c_0$$

c_0:橄榄苦苷起始浓度;

c:水解时间 t 时橄榄苦苷的浓度;

k:反应速率常数。

以 $\ln c$ 对 t 作图可得一直线(图 5-10),由直线斜率可求得一级反应速率常数 k。

由图 5-10 可见,不同温度下 $\ln c$ 和 t 表现出良好的线性关系,其各温度下的拟合方程、相关系数及速率常数 k 见表 5-2。由所列数据可知:随着温度的升高,水解速率常数明显增大。

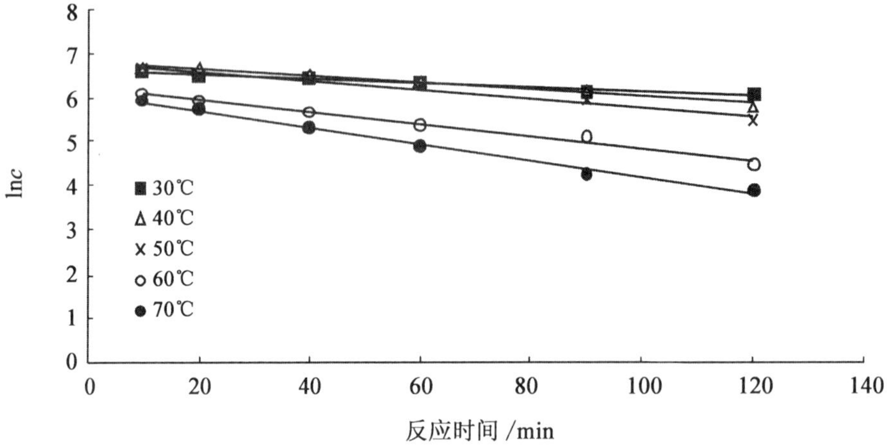

图 5-10　不同温度下橄榄苦苷水解反应 ln*c*-*t* 关系图

Fig. 5-10　Relationship between ln*c* and *t* for oleuropein hydrolysis reaction at various temperatures

表 5-2　温度对速率常数的影响

Table 5-2　The influence of temperature on rate constant

温度/K	摄氏温度/℃	回归方程	相关系数	速率常数 k/(10^{-2}/min)
303	30	$\ln c=-0.0049t+6.6269$	0.983	0.49
313	40	$\ln c=-0.008t+6.8128$	0.984	0.80
323	50	$\ln c=-0.0102t+6.7983$	0.967	1.02
333	60	$\ln c=-0.0141t+6.2473$	0.985	1.41
343	70	$\ln c=-0.019t+6.0897$	0.992	1.90

依据阿伦尼乌斯方程(Arrhenius equation),k 与反应绝对温度间的关系如下：

$$k=Ae^{-E/(RT)}$$

k:反应速率常数；

E:反应活化能;

R:气体常数[8.314 J/(K·mol)];

T:绝对温度;

A:指前因子或频率因子,为一常数。

上式两边同时取对数可转变为:

$$\ln k=\frac{-E}{RT}+\ln A$$

以 $\ln k$ 对 $1/T$ 作图可得一直线(斜率为 $-E/R$,图 5-11),由此可根据直线斜率计算出反应活化能 E。

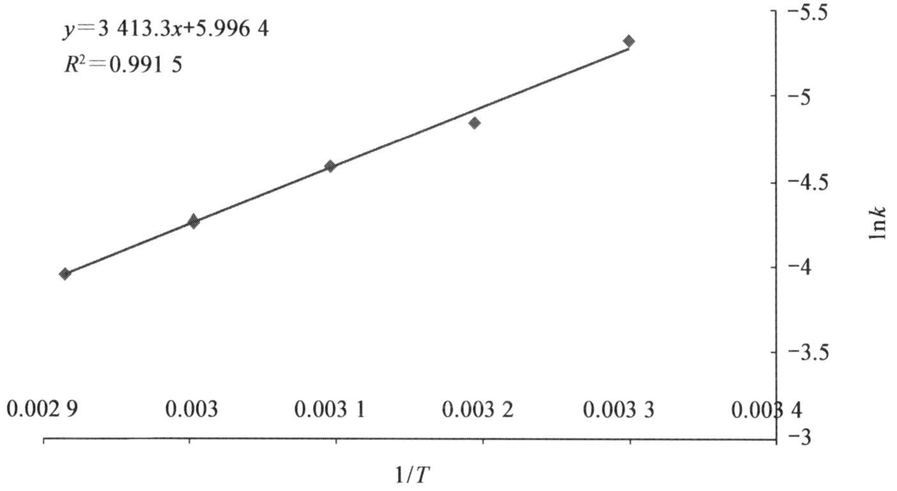

图 5-11　ln$k$ 与 1/T 关系图

Fig. 5-11　Relationship between ln$k$ and 1/T

由图 5-11 可见 $\ln k$ 与 $1/T$ 间具有较好的线性关系,$\ln k$ 与 $1/T$ 回归方程如下:

$\ln k=\frac{-3\,413.3}{T}+5.996\,4$,直线斜率为 $-3\,413.3\ k$,由此计算反应活化能为 28.38 kJ/mol。

5.3.3 001 *7 离子交换树脂动态催化水解橄榄苦苷条件优化

5.3.3.1 离子交换树脂动态水解

在70℃条件下利用001 *7树脂柱以2 h/BV上样流速对橄榄苦苷20%乙醇溶液进行动态水解，结果见图5-12。自6 BV开始有羟基酪醇流出且在第10 BV达到水解平衡，而后从22 BV开始羟基酪醇浓度逐渐下降，同时橄榄苦苷浓度迅速上升，在第30 BV达泄漏点。由此确定动态水解的最大上样量为22 BV。

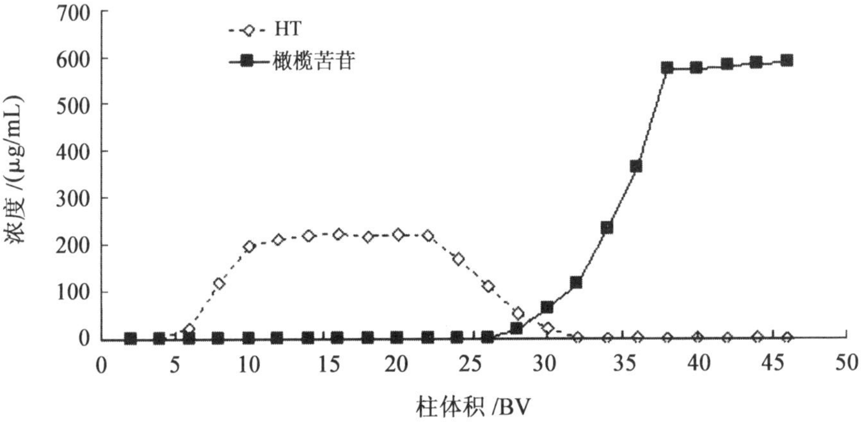

图5-12 羟基酪醇和橄榄苦苷在001 *7树脂柱上的动态水解曲线

Fig. 5-12 Dynamic hydrolysis curves of oleuropein on column packed with 001 *7 resin

5.3.3.2 离子交换树脂动态解吸

在70℃条件下利用001 *7树脂柱以2 h/BV上样流速对橄榄苦苷20%乙醇溶液进行动态水解，然后在同样温度下利用80%乙醇以0.5 h/BV流速对树脂柱进行洗脱。结果见图5-13。羟基酪醇和橄榄苦苷分别自2 BV、1 BV开始流出，至5 BV达最高浓度，之后浓度逐渐降低，二者均在13 BV洗脱完全。由此确定动态洗脱的最佳洗脱体积为13 BV。

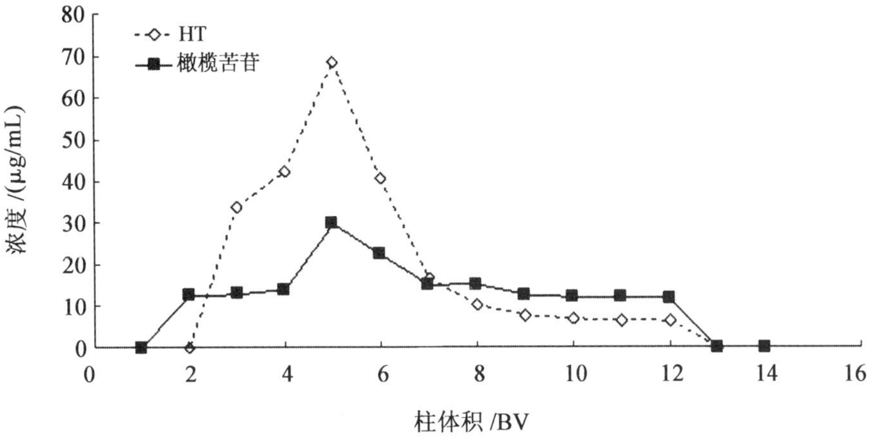

图 5-13 羟基酪醇和橄榄苦苷在 001 ＊7 树脂柱上的动态解吸曲线

Fig. 5-13 Dynamic desorption curves of HT and oleuropein on column packed with 001 ＊7 resin

5.3.4 001 ＊7 离子交换树脂可重复利用性评价

将使用后的离子交换树脂按 5.2.1 项下树脂的再生方法，循环使用-再生后在同样条件下水解橄榄苦苷 5 次，测定结果见图 5-14。

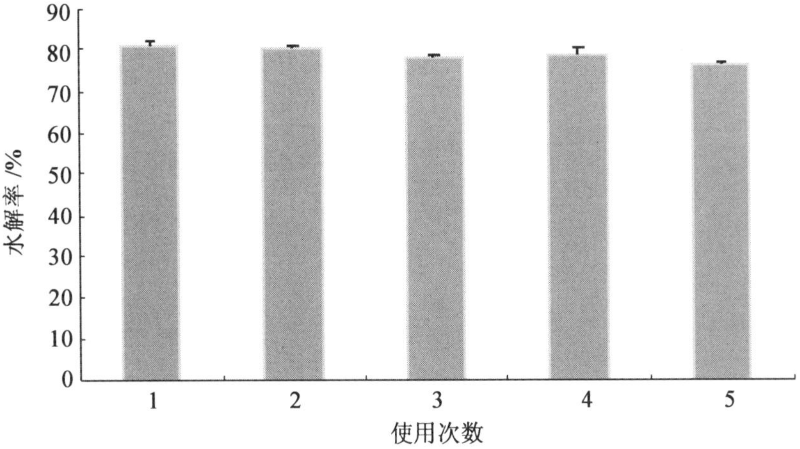

图 5-14 001 ＊7 树脂的多次再生利用

Fig. 5-14 Results of reusability on 001 ＊7 resin

结果表明,经循环使用-再生5次后的001*7离子交换树脂,其对橄榄苦苷的水解能力并未受显著影响,经再生后仍可重复利用多次。

5.4 本章小结

(1)通过8种阳离子交换树脂对橄榄苦苷粗品溶液水解性能的考察,优选出001*7、D72、D61三种强酸性SO_3^-离子交换树脂,对其水解-解吸动力学等进一步考察确定001*7为最优树脂。

(2)通过静态水解、解吸实验确定了001*7树脂水解橄榄苦苷的最佳工艺条件为:水解-解吸温度70℃,水解时间2 h,树脂载样量为4%(*W*/*V*,树脂重/溶液体积),橄榄苦苷粗品溶液浓度为574.2 μg/mL,洗脱剂为80%乙醇,解吸时间1 h。

(3)采用001*7树脂柱对橄榄苦苷粗品溶液进行水解后,橄榄苦苷水解率达96.37%,显著高于静态水解的81.6%。

用强酸型阴离子交换树脂催化水解橄榄苦苷,具有较高活性,提供了一种新的由橄榄苦苷制备羟基酪醇的方法,该方法中离子交换树脂可重复利用且反应条件温和,稳定性好,所用溶剂安全无毒,避免了盐酸水解所存在的酸污染和难分离等问题,具有较好的应用前景。

6 羟基酪醇、橄榄苦苷对细胞氧化应激损伤的保护作用

氧化应激是促氧化剂和抗氧化剂稳态失衡、自由基的产生增多、机体或组织抗氧化能力下降的一种机体状态，过度的氧化应激可导致组织损害，对许多疾病如肿瘤、炎症、衰老的发生有密切的关系[170]。因此，从天然产物中探索或发现抗氧化作用的化合物并阐明作用机制，对预防此类疾病的发生具有重要的现实意义。

前人研究表明，橄榄苦苷、羟基酪醇均具有较强的抗氧化能力[78,123]，其是否能有效抑制氧化应激所致的肾细胞损伤，尚待进一步研究。本研究通过建立 LLC-PK_1 细胞 H_2O_2 氧化应激体外模型，探讨橄榄苦苷、羟基酪醇对 LLC-PK_1 细胞氧化应激损伤的保护作用与机制，为有效防治肾脏相关疾病提供有益的实验数据。

6.1 材料与仪器

6.1.1 实验材料

LLC-PK_1（猪的近端肾小管细胞系）	上海酶联生物科技有限公司
橄榄苦苷	本实验室分离纯化
羟基酪醇	本实验室分离纯化

6.1.2 试剂

胰蛋白酶（Trypsin1：250）	美国 Sigma 公司

四甲基偶氮唑盐(MTT)	美国 Sigma 公司
RPMI 1640 培养基	美国 Hyclone 公司
小牛血清	天津灏洋生物制品科技有限责任公司
二甲基亚砜(DMSO)	美国 Amerseco 公司
SOD、GSH-Px、MDA 检测试剂盒	南京建成生物工程研究所
考马斯亮蓝蛋白测定试剂盒	南京建成生物工程研究所
游离脂肪酸试剂盒	南京建成生物工程研究所
青霉素,链霉素	美国 Hyclone 公司
PBS	自配

6.1.3 实验仪器与设备

CO_2 培养箱	美国 SIM 公司
BS210S 电子天平	北京 Sartorious 有限公司
LD2000-1 型电子天平	沈阳龙腾电子有限公司
TS-100 倒置显微镜	日本 Nikon 公司
UV-2550 紫外-可见分光光度计	日本岛津公司
DL-CJ-2N 生物洁净工作台	哈尔滨市东联电子技术开发有限公司
Stat Fax-3200 酶标仪	美国 AWARENESS 公司
DK-8D 型电热恒温热水槽	上海森信实验仪器有限公司
MD-U32V 超低温冰箱	日本 SANYO 公司
LDZX-4OBI 型立式自动电热压力蒸汽灭菌器	上海申安医疗器械厂
3K3O 型离心机	美国 Sigma 公司
GC-450 气相色谱-质谱联用仪	美国 Walnut Creek 公司

6.2 实验方法

6.2.1 细胞培养与传代

6.2.1.1 细胞培养

$LLC-PK_1$ 细胞培养液选用 RPMI 1640，加 10％小牛血清和双抗（青霉素和链霉素各 100 U/mL），于恒温细胞培养箱（37℃，5％CO_2）中培养，待细胞贴壁生长约 90％传代，每周传代 2～3 次。

6.2.1.2 细胞传代

消化液的配方为 0.25％的胰酶＋0.02％EDTA。消化前，先吸走培养液，然后用 PBS 洗一遍，倾弃洗液，向培养瓶加 2 mL 在 37℃预热的消化液，置于 37℃温箱放置 1 min，显微镜下观察，细胞松散开，但尚未脱落时，及时吸走消化液，必要时可在吸走消化液的情况下，继续放置一会儿，待到细胞完全松散开，加培养基，吹打，得单细胞悬液。

6.2.2 MTT 法检测细胞活性

将 $LLC-PK_1$ 细胞用不同浓度 H_2O_2（10～200 μmol/L）分别处理 1～12 h，再加 5 mg/mL MTT，20 μL/孔，培养 4 h 后小心弃去孔内液，每孔加 DMSO 150 μL，充分振摇 15 min 后用酶标仪于 570 nm 处测各孔吸光度值（A）。各剂量组取平均值，根据实验公式，计算细胞的相对存活率：

$$细胞相对存活率=\frac{实验组\ A}{对照组\ A}\times 100\%。$$

6.2.3 实验分组

取对数生长期 $LLC-PK_1$ 细胞 1×10^5 个/mL，接种于 24 孔板，每孔

0.5 mL，置于37℃，5%CO_2培养箱中培养24 h。

实验分组为：正常对照组（不加H_2O_2和药品）；H_2O_2（100 μmol/L）模型组（处理4 h）；羟基酪醇或橄榄苦苷处理组（1～10 μmol/L），于H_2O_2处理前培养12 h。

6.2.4 MDA、SOD、GSH-Px测定

各组细胞处理后反复冻融3次，1 200 *g* 4℃离心5 min，沉淀部分用于测定脂肪酸组成，并采用考马斯亮蓝蛋白测定试剂盒测定蛋白浓度。取上清液，用SOD、GSH-Px、MDA试剂盒测定SOD、GSH-Px、MDA含量或活性。黄嘌呤氧化酶法测定SOD活力，以催化GSH反应速度表示GSH-Px的活力，TBA法测定MDA含量。

6.2.5 脂肪提取及脂肪酸组成分析

将离心沉淀溶于12 mL氯仿/甲醇（2/1，*V*/*V*）溶液，然后以Folch方法[171]提取离心后沉淀细胞部分的总脂肪，采用薄层层析（正己烷：乙醚：乙酸＝80：20：1）分离磷脂，将磷脂部分从薄层板上刮下，乙醚洗脱下来后，以盐酸甲醇直接甲酯化（90℃，3 h），气相色谱法测定磷脂脂肪酸组成。气相色谱法条件：柱温采用程序升温方法，初始温度200℃，保持10 min，然后以2℃/min程序升温至230℃；进样口温度240℃，采用恒压模式，检测器为火焰离子化检测器（FID），检测器温度250℃。

6.3 数据分析

数据分析采用SPSS 11.0软件进行。组间差异采用*t*-检验，以$P<0.05$为具有统计学意义上的差异。

6.4 结果与讨论

6.4.1 H_2O_2 处理下 LLC-PK_1 细胞相对存活率

为创建合理的氧化应激模型，采用不同浓度的 H_2O_2 处理 LLC-PK_1 细胞，MTT 比色法检测不同时间下细胞相对存活率。结果(图 6-1)表明细胞活力与 H_2O_2 浓度呈负相关，即与正常对照组相比，各实验组细胞相对存活率随 H_2O_2 浓度增大而下降。且随 H_2O_2 作用时间延长而下降。其中 10 μmol/L、50 μmol/L 两个浓度下 H_2O_2 未表现出对 LLC-PK_1 细胞的显著伤害作用。当 H_2O_2 浓度 100 μmol/L，作用 4 h 时，可致 LLC-PK_1 细胞相对存活率降至(59±8.10)%。考虑到高浓度以及长时间 H_2O_2 作用将导致细胞大量死亡，因此以 100 μmol/L H_2O_2 处理 4 h 创建氧化应激模型。

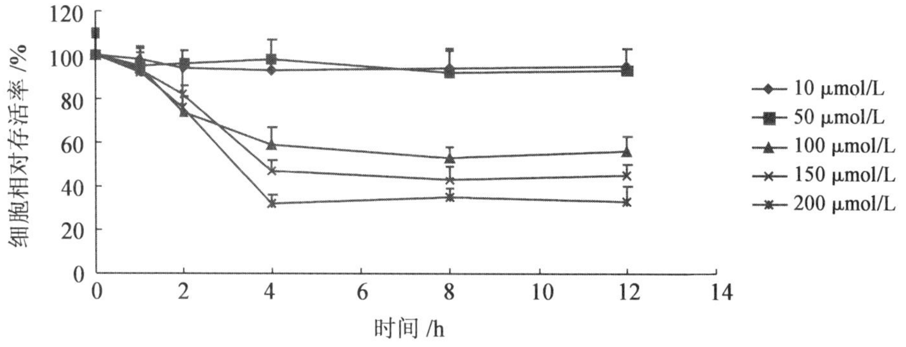

图 6-1 不同浓度 H_2O_2 处理下 LLC-PK_1 细胞相对存活率随时间变化曲线

Fig. 6-1 Viability losses in LLC-PK_1 cells induced by H_2O_2 under different concentrations and time

6.4.2 羟基酪醇、橄榄苦苷处理下 LLC-PK_1 细胞相对存活率

由图 6-2 可以看出，不同浓度羟基酪醇、橄榄苦苷预处理 LLC-PK_1

细胞 12 h 后经 H_2O_2 处理 4 h，其对细胞活力有明显作用。与 H_2O_2 模型组相比较，高浓度羟基酪醇、橄榄苦苷组均可减轻 H_2O_2 所致细胞损伤，细胞相对存活率均呈剂量依赖性升高。且羟基酪醇效果优于橄榄苦苷。

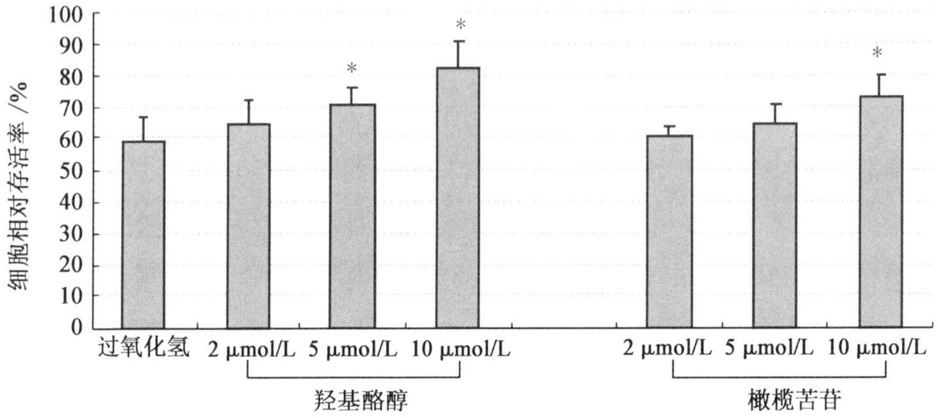

图 6-2 橄榄苦苷、羟基酪醇处理下 $LLC\text{-}PK_1$ 细胞相对存活率

* 表示与过氧化氢模型组比较差异显著（$P<0.05$）

Fig. 6-2 Viability losses in $LLC\text{-}PK_1$ cells induced by oleuropein and HT under different concentrations

* $P<0.05$ versus H_2O_2 treated

6.4.3 羟基酪醇、橄榄苦苷作用细胞 MDA、SOD、GSH-Px 检测结果

SOD 活力单位定义为每毫克组织蛋白在 1 mL 反应液中 SOD 抑制率达 50%时所对应的 SOD 酶活力为一个酶活力单位(U)；GSH-Px 活力单位定义为每毫克蛋白质每分钟扣除非酶反应，使反应体系中 GSH 浓度降低 1 μmol/L 为一个活力单位(U)。蛋白质定量采用考马斯亮蓝比色法测定。

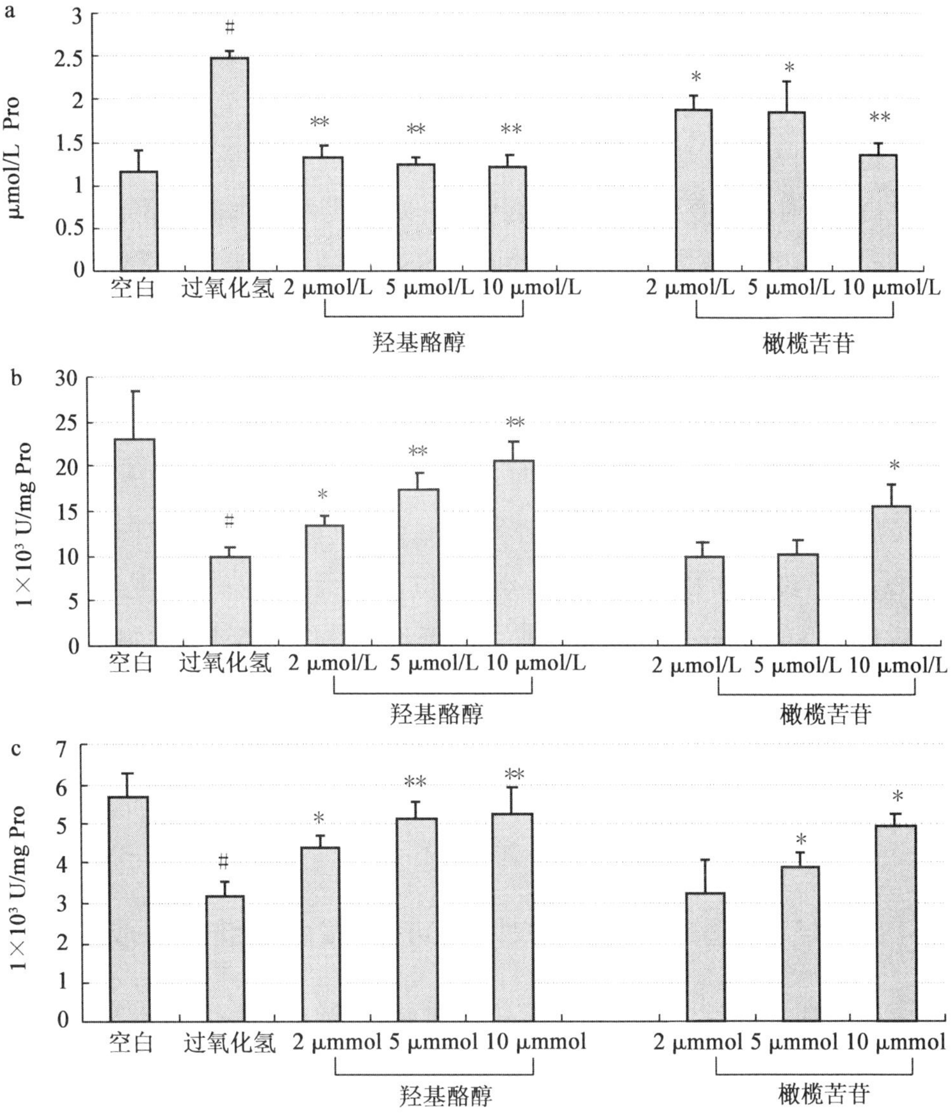

图 6-3 橄榄苦苷、羟基酪醇处理对 H_2O_2 处理后的 LLC-PK$_1$ 细胞 MDA、SOD 及 GSH-Px 的影响

a. MDA 含量；b. SOD 活性；c. GSH-Px 活性；# 表示与空白对照组比较差异极显著($P<0.01$)；* 表示与 H_2O_2 模型组比较差异显著($P<0.05$)，** 表示与 H_2O_2 模型组比较差异极显著($P<0.01$)

Fig. 6-3 MDA content, SOD and GSH-Px activities in LLC-PK$_1$ cell after 4 h incubation with H_2O_2 and treated with oleuropein and HT

a. MDA; b. SOD; c. GSH-Px; # $P<0.01$ versus controls, * $P<0.05$ versus H_2O_2 treated, ** $P<0.01$ versus H_2O_2 treated.

细胞抗氧化酶系统包括：谷胱甘肽过氧化物酶（GSH-Px）、超氧化物歧化酶（SOD）等。这些酶在抵御外界氧化应激过程中起着至关重要的作用，可以将其活性作为抗氧化反应的生物指标[172,173]。SOD 是生物体内清除自由基的首要物质，它可以对抗与阻断因氧自由基对细胞造成的损害，并及时修复受损细胞，复原因自由基造成的对细胞的伤害。GSH-Px 能催化 GSH 变为氧化谷胱甘肽（GSSG），清除细胞呼吸代谢过程中产生的过氧化物和羟自由基，从而减轻细胞膜多不饱和脂肪酸的过氧化作用。由图 6-3 可见，氧化应激模型组较对照组 MDA 含量显著增高，而 SOD、GSH-Px 活性显著降低。说明此 H_2O_2 模型构建较成功，外源 H_2O_2 使 LLC-PK_1 细胞产生了明显的应激反应，应激细胞发生脂质过氧化反应使 MDA 含量升高。同时，羟基酪醇、橄榄苦苷处理后的各组 H_2O_2 应激细胞均比 H_2O_2 模型组更接近空白对照组，尤其是羟基酪醇在较低浓度 2 μmol/L 浓度时即可降低细胞 MDA 含量，并提高 SOD、GSH-Px 活性。说明羟基酪醇、橄榄苦苷均具有抑制 LLC-PK_1 细胞由 H_2O_2 所诱导的氧化应激的作用，且具有明显的剂量-反应关系。同时 HT、橄榄苦苷二者相比较，羟基酪醇抑制氧化应激能力要优于橄榄苦苷。其保护 LLC-PK_1 细胞免受氧化损伤的深入机制尚待进一步研究。

6.4.4 羟基酪醇、橄榄苦苷对 LLC-PK_1 细胞脂肪酸组成的影响

当活性氧或自由基攻击组织细胞时，生物膜上的多不饱和脂肪酸将发生脂质过氧化，形成大量的脂质过氧化物[174]。脂质过氧化作用被认为与许多肾脏相关性疾病形成机制相关[175]。

LLC-PK_1 细胞中主要脂肪酸种类见表 6-1，H_2O_2 模型组脂肪酸组成与空白对照组相比发生明显改变，不饱和脂肪酸（C18：1 n-9、C18：1 n-7、C18：2 n-6、C20：3 n-9、C20：4 n-6、C20：5 n-3）相对含量显著减少，饱和脂肪酸（C12：0、C14：0、C16：0、C18：0）相对含量显著增加。表明氧化应激对细胞脂肪酸组成影响显著。经羟基酪醇、橄榄苦苷预处理后，再经

表 6-1 橄榄苦苷、羟基酪醇对 H_2O_2 处理后 LLC-PK_1 细胞脂肪酸组成的影响

Table 6-1 The effect of oleuropein and HT on the fatty acid composition of LLC-PK_1 cell after treated with H_2O_2

脂肪酸	空白	H_2O_2	羟基酪醇			橄榄苦苷		
			2 μmol/L	5 μmol/L	10 μmol/L	2 μmol/L	5 μmol/L	10 μmol/L
C12:0	2.8±0.3	5.2±0.2##	3.6±0.4*	3.2±0.1**	2.7±0.1**	5.1±0.3	5.2±0.3	3.2±0.2**
C14:0	2.2±0.1	3.1±0.3##	2.7±0.3	2.1±0.2**	1.8±0.3**	3.4±0.6	3.1±0.7	1.8±0.4*
C16:0	17.4±1.6	21.1±2.4#	16.6±1.8*	17.3±2.2*	16.0±2.8**	20.6±2.9	21.0±3.6	15.3±2.7**
C18:0	15.9±2.3	17.3±1.6	16.8±2.5	15.5±2.0*	13.8±1.9*	18.9±2.1	18.5±1.7	14.9±2.1*
C18:1 n-9	11.3±0.3	8.5±0.4#	10.7±0.6*	11.5±0.7*	11.7±0.5*	8.6±0.3	8.8±0.2	11.6±0.4*
C18:1 n-7	2.1±0.2	1.4±0.1#	1.9±0.4*	2.2±0.2**	2.4±0.1**	1.5±0.1	1.5±0.1	2.5±0.1**
C18:2 n-6	25.8±0.4	20.3±0.2#	25.1±0.3*	25.6±0.4*	26.2±0.2*	20.2±0.2	21.6±0.2	25.5±0.3*
C20:3 n-9	3.5±0.4	2.5±0.2##	3.2±0.2**	3.3±0.2**	3.6±0.1**	2.6±0.2	2.7±0.3	3.4±0.2**
C20:4 n-6	7.8±0.1	6.1±0.2##	7.2±0.1**	7.7±0.2**	8.0±0.3**	6.0±0.1	6.5±0.1	7.9±0.1**
C20:5 n-3	3.3±0.2	1.4±0.3##	2.7±0.3**	3.3±0.1**	3.4±0.2**	1.2±0.1	1.6±0.1	3.4±0.2**

注：# 表示与空白对照组比较差异显著（$P<0.05$），## 表示与空白对照组比较差异极显著（$P<0.01$） * 表示与 H_2O_2 模型组比较差异显著（$P<0.05$），** 表示与 H_2O_2 模型组比较差异极显著（$P<0.01$）。

H_2O_2 处理，细胞脂肪酸组成趋于空白对照组，表明羟基酪醇、橄榄苦苷对细胞抵御 H_2O_2 氧化应激具有一定的保护作用，羟基酪醇在2 μmol/L浓度时与 H_2O_2 模型组相比即表现出较好的保护效果，而橄榄苦苷仅在较高浓度(10 μmol/L)时才表现出显著的保护作用。

曾有研究者[176]比较了酪醇、羟基酪醇、橄榄苦苷对大鼠肝微粒体脂质过氧化的保护作用，其认为羟基酪醇、橄榄苦苷对由维生素 C-Fe^{2+} 所致大鼠肝脂质过氧化损伤具有明显的保护作用。本研究数据表明，羟基酪醇、橄榄苦苷对肾细胞同样具有类似的抗氧化应激作用。

6.5 本章小结

(1)以 100 μmol/L H_2O_2 处理 4 h 成功创建 LLC-PK_1 细胞的 H_2O_2 氧化应激模型。

(2)氧化应激模型组较对照组 MDA 含量显著增高，而 SOD、GSH-Px 活性显著降低。橄榄苦苷、羟基酪醇能有效的降低细胞内 MDA 表达和提高细胞内 SOD、GSH-Px 的活性，从而预防和阻止自由基对肾细胞的损伤达到保护肾细胞的作用。

(3)H_2O_2 模型组细胞脂肪酸组成发生改变，不饱和脂肪酸相对含量显著降低。羟基酪醇、橄榄苦苷，均表现出明显的抑制 LLC-PK_1 细胞氧化应激后脂肪酸转化的作用。

羟基酪醇、橄榄苦苷对 H_2O_2 诱导的 LLC-PK_1 细胞氧化应激具有抑制活性，且羟基酪醇优于橄榄苦苷。

7 结　　论

1. 确定了 RP-HPLC 同时测定紫丁香小枝中紫丁香苷、橄榄苦苷的色谱条件：流动相为甲醇∶0.2%磷酸＝33∶67；检测波长：232 nm；柱温：室温；进样量：10 μL；流速：1 mL/min。紫丁香苷、橄榄苦苷在测定范围内，线性关系良好。该分析方法精密度高、重现性好、准确可靠。为紫丁香中紫丁香苷、橄榄苦苷的开发提供了快速、准确的定量测定方法。

采用非常规的真空微波法对紫丁香小枝中的紫丁香苷、橄榄苦苷进行了提取。在单因素实验的基础上对提取过程中的各因素采用响应面法进行了优化，得到最佳真空微波提取工艺条件为：提取时间 7 min，液料比 20 mL/g，乙醇浓度 42%，微波功率 120 W，真空度－0.08 MPa，浸泡时间 1 h。最佳条件下的验证实验表明，紫丁香苷、橄榄苦苷的提取得率分别可达到 5.16 mg/g 和 3.52 mg/g。与传统提取方法相比，除了缩短提取时间外，还可保护热敏感组分免受高温损害，提高目标组分提取得率。

2. 通过比较研究 11 种大孔树脂对紫丁香小枝提取液中紫丁香苷、橄榄苦苷的吸附、解吸性能，筛选出 HPD-100B 树脂作为分离富集两种目标组分的理想树脂。

确定了 HPD-100B 大孔树脂最佳吸附系列参数：上样液浓度，紫丁香苷：435 μg/mL，橄榄苦苷：422 μg/mL；吸附温度 25℃；上样液流速 3 BV/h；饱和吸附量紫丁香苷为 12.2 mg/g 树脂，橄榄苦苷为 51.5 mg/g 树脂；此外，还发现紫丁香苷吸附泄漏点至橄榄苦苷吸附泄漏点出现之间的吸附流出液(15～60 BV)中含有大量的紫丁香苷，而基本不含橄榄苦苷，所以可将此部分收集，进行进一步分离纯化紫丁香苷。此部分紫丁香苷含量为 34.4 mg/g 树脂。

确定了 HPD-100B 大孔树脂最佳解吸系列参数:解吸采用 20%和 40%乙醇梯度洗脱,其中 20%乙醇洗脱部分收集 7 BV,40%乙醇洗脱部分收集 9 BV,可将吸附的紫丁香苷、橄榄苦苷分别洗脱下来;洗脱流速 3 BV/h;紫丁香苷、橄榄苦苷过大孔树脂后的纯度分别为 7.2%和 14.2%,分别为过柱前的 7.1 倍和 8.2 倍,且回收率分别为 77.4%和 89.8%。

3. 分别对紫丁香苷、橄榄苦苷粗品的硅胶柱层析条件分别进行了考察,最终确定两目标组分的柱层析条件如下。

紫丁香苷 最佳洗脱剂比例为乙酸乙酯∶甲醇∶水=12∶1∶0.2,硅胶粒度为 100~200 目,径高比 1∶10,洗脱流速 0.6 cm/min,负载量为 25 mg 粗提物/g 硅胶,最终得紫丁香苷纯度可达 92%,回收率达 78%。

橄榄苦苷 最佳洗脱剂比例为乙酸乙酯∶甲醇∶水=16∶1∶0.2,硅胶粒度为 100~200 目,径高比 1∶10,洗脱流速 0.6 cm/min,负载量 15 mg 粗提物/g 硅胶,最终得橄榄苦苷纯度可达 86%,回收率达 85%。

4. 进行了离子交换树脂催化橄榄苦苷制备羟基酪醇工艺参数的研究。

通过 8 种阳离子交换树脂对橄榄苦苷粗品溶液水解性能的考察,优选出 001*7、D72、D61 三种强酸性 SO_3^- 离子交换树脂,对其水解-解吸动力学等进一步考察确定 001*7 为最优树脂。

通过静态水解、解吸实验确定了 001*7 树脂水解橄榄苦苷的最佳工艺条件为:水解-解吸温度 70℃,水解时间 2 h,树脂载样量为 4%(*W*/*V*,树脂重/溶液体积),橄榄苦苷粗品溶液浓度为 574.2 μg/mL,洗脱剂为 80%乙醇,解吸时间 1 h。

采用 001*7 树脂柱对橄榄苦苷粗品溶液进行水解后,橄榄苦苷水解率达 96.37%,显著高于静态水解的 81.6%。

用强酸型阴离子交换树脂催化水解橄榄苦苷，具有较高活性，提供了一种新的由橄榄苦苷制备羟基酪醇的方法。

5. 羟基酪醇、橄榄苦苷对 H_2O_2 诱导的 $LLC\text{-}PK_1$ 细胞氧化应激损伤的保护作用。

以 100 μmol/L H_2O_2 处理 4 h 成功创建 $LLC\text{-}PK_1$ 细胞的 H_2O_2 氧化应激模型。

氧化应激模型组较对照组 MDA 含量显著增高，而 SOD、GSH-Px 活性显著降低。橄榄苦苷(10 μmol/L)、羟基酪醇(2 μmol/L)能有效地降低细胞内 MDA 表达和提高细胞内 SOD、GSH-Px 的活性，从而预防和阻止自由基对肾细胞的损伤达到保护肾细胞的作用。

H_2O_2 模型组细胞脂肪酸组成发生改变，不饱和脂肪酸相对含量显著降低。羟基酪醇、橄榄苦苷，均表现出明显的抑制 $LLC\text{-}PK_1$ 细胞氧化应激后脂肪酸转化的作用。

羟基酪醇、橄榄苦苷对 H_2O_2 诱导的 $LLC\text{-}PK_1$ 细胞氧化应激具有抑制活性，且羟基酪醇优于橄榄苦苷。

参考文献

[1] 钱崇澍,陈焕镛,吴征镒,等.中国植物志.北京:科学出版社,第61卷:72.

[2] 李永吉,吕邵娃,王艳宏,等.丁香叶药用研究进展.中医药信息,2003,20(1):22-24.

[3] 王丹丹,刘盛泉,陈英杰,等.紫丁香有效成分的研究.药学学报,1982,17(12):951-954.

[4] 魏征骥.紫丁香化学成分及其生物活性的研究.吉林大学硕士学位论文,2004:50-52.

[5] 卢丹,李平亚,李静晖.紫丁香叶化学成分研究.中草药,2003,34(8):688-689.

[6] 郝婷婷.治疗肝炎新药——紫丁香叶的研究.吉林农业大学硕士学位论文,2008:52.

[7] 周业明.紫丁香叶的化学成分研究.沈阳药科大学硕士学位论文,2005:43.

[8] 李全,许琼明,郝丽莉,等.紫丁香叶化学成分研究.中草药,2009,40(3):369-371.

[9] 胡桂清,李建志,张春艳,等.黑龙江地产中药抗菌作用的实验研究.黑龙江中医药,1993,5:547-548.

[10] 杨唯唯,邢美玉.紫丁香叶制剂对单疱病毒性角膜炎治疗前后的免疫学测定.实用眼科杂志,1990,8(4):225-226.

[11] 邢美玉.紫丁香叶制剂治疗治疗单疱病毒性角膜炎前后泪液pH值变化.中西医结合眼科杂志,1992,10(3):131-132.

[12] 邢美玉,李波.紫丁香叶制剂治疗流行性出血性结膜炎.中西医结合眼科杂志,1996,14(1):30.

[13] 薛俊玲,张宁,滕慧梅,等.甲丁胶囊的抗病毒实验研究.中医药信息,1997,(2):47.

[14] 姜毓秀,吕秀莲.炎立消胶囊的镇痛作用研究.中医药学报,1997,(2):59.

[15] 王峰,文玉晶,牛俊奇,等.丁香叶片药理和毒理的实验研究.临床肝胆病杂志,2000,16(2):94-96.

[16] 李永吉,吕邵娃,王艳宏,等.丁香叶药用研究进展.中医药信息,2003,20(1):22-24.

[17] 张树军,张军锋,王金兰. 紫丁香树皮的化学成分研究. 中草药,2006,37(11):1624-1626.

[18] 张军锋,焦华,王金兰,等. 紫丁香树皮的化学成分研究(Ⅱ). 天然产物研究与开发,2007,19:617-619.

[19] 赵明,韩晶,吕嵩岩,等. 紫丁香树枝化学成分研究.中草药, 2012,43(2):251-254.

[20] 国家中医药管理局《中华本草》编委会. 中华本草. 上海:上海科学技术出版社, 1999.

[21] 李洪玲,王琪,乔秀文,等. 紫丁香茎皮的生药鉴别. 时珍国医国药,2004,15(7):412-413.

[22] 敦渊,李兆林,陈耀祖,等. 华北紫丁香花香气成分的研究. 兰州大学学报:自然科学版,1992, 38 (3) :81-85.

[23] 回瑞华,李铁纯,侯冬岩.GC/MS分析紫丁香花与叶中的挥发性化学成分.质谱学报,2002,23(4):210-213.

[24] Zu Guang Li,Maw Rong Lee,De Long Shen. Analysis of volatile compounds emitted from fresh Syringa oblate flowers in different florescence by headspace solid-phase microextraction-gas chroma-

tography-mass spectrometry. Analytica Chimica Acta,2006,576:43-49.

[25] 张崇禧,张莹莹,田芯,等. HPLC测定不同产地刺五加中紫丁香苷的含量. 中成药,2008,30(11):1648-1651.

[26] 刘彦民,杨燕子,罗定强,等. HPLC法测定9种药材中紫丁香苷的含量. 西北药学杂志,2008,23(5):286-288.

[27] 张晶,刘芳芳,薛起,等. HPLC法测定刺五加不同部位刺五加苷B、E含量. 药物分析杂志,2008,28(12):2018-2020.

[28] 李辰,王晓燕,胡绪玮,等. 刺五加抗疲劳活性部位中刺五加苷B的含量测定. 中国中药杂志,2008,33(23):2800-2802.

[29] 李燕,郭顺星,王春兰,等. 天山雪莲细胞培养物与原药材中紫丁香苷含量的比较. 中国药学杂志,2008,43(10):737-739.

[30] C. m. Xu, Y. Ou, B. Zhao, et al. Syringin production by Saussurea medusa cell cultures in a novel bioreactor. Biologia plantarum,52 (2):377-380.

[31] Chunming Xu, Bing Zhao, Yuan Ou, et al. Elicitor-enhanced syringin production in suspension cultures of Saussurea medusa. World J Microbiol Biotechnol,2007,23:965-970.

[32] Zhen-Zhen Yu, Chun-Xiang Fu, Ying-Shan Han, et al. Salicylic Acid Enhances Jaceosidin and Syringin Production in Cell Cultures of Saussurea medusa. Biotechnol Lett,2006,28:1027-1031.

[33] 韩雪. 刺五加苷B的提取与纯化工艺研究. 长春工业大学硕士学位论文,2011:34.

[34] 高冷,韩雪,李宁. 超声波法提取刺五加苷B的条件研究. 化学工程师,2011, 184(1):50-52.

[35] 邵佳锋,刘树民,牟洪,等. 刺五加中紫丁香苷、刺五加苷E的大孔树脂分离纯化工艺. 中国实验方剂学杂志,2011,17(2):10-14.

[36] 李庆勇，付玉杰，牟松，等．大孔吸附树脂提取刺五加（*Acanthopanax senticosus*）丁香苷．应用化学，2003，20(12)：1214-1216．

[37] 彭玉麟，马桂荣，藉宝霞，等．刺五加糖苷 B、B1 的分离提纯及刺五加不同部位中 B 和 B1 含量的测定．河北省科学院学报，1984，1：91-97．

[38] 吴立军，沈燕，郑健，等．丁香苷的核磁共振研究．波谱学杂志，1999，16(5)：465-467．

[39] Jizhong Yan，Shengqiang Tong，Jianjun Chu，et al. Preparative isolation and purification of syringin and edgeworoside C from Edgeworthia chrysantha Lindl by high-speed counter-current chromatography. J. Chromatogr. A，2004，1043：329-332．

[40] A Kapil，S Sharma. Immunopotentiating compounds from Tinospora cordifolia. J. Ethnopharmacol，1997，58：89-95．

[41] Cho Jy，Nam Kh，Kim A R，et al. In-vitro and in-vivo immunomodulatory effects of syringin. J. Pharm Pharmacol，2001，53(9)：1287-1294．

[42] 张勇．紫丁香苷的测定及其降血脂、增强免疫力的研究．吉林大学硕士学位论文，2004：35．

[43] H. Hikino，M. Takahashi，K. Otake，C. Konn，Isolation，hypoglycemic activity of eleutherans A，B，C，D，E，F，and G：glycans of Eleutherococcus senticosus roots. J. Nat. Prod，1986，49(2)：293-297．

[44] Ko Yu Liu a，Yang-Chang Wu a，I-Min Liu，et al. Release of acetylcholine by syringin，an active principle of Eleutherococcus senticosus，to raise insulin secretion in Wistar rats. Neuroscience Letters，2008，434：195-199．

[45] Niu H S，Hsu F L，Liu I M，Cheng J T. Increase of beta-endorphin

secretion by syringin,an active principle of Eleutherococcus senticosus,to produce antihyperglycemic action in type 1-like diabetic rats. Horm Metab Res,2007,39(12):894-898.

[46] 宋媛媛,李媛,张洪泉. 丁香苷对大鼠佐剂性关节炎的治疗作用及其机制. 药学学报,2010,45 (8):1006-1011.

[47] Chio J,Shin Km,Parkh J,et al. Anti-inflammatory and antinociceptive effects of sinapyl alcohol and its glucoside syringin. Planta Med,2004,70(11):1027-1032.

[48] 聂淑琴. 紫丁香苷对半乳糖胺致肝毒性的防护作用. 国外医学中医中药分册,2000,22(6):346-347.

[49] Ahmad Mansoor,Aftab Khalid. Hypotensive action of syringin from Sytingia vulgaris. Phytother Res,1995,9(6):452-454.

[50] 李辰,王晓燕,胡绪玮,等. 刺五加抗疲劳活性部位中刺五加苷 B 的含量测定. 中国中药杂志,2008,33(23):2800-2802.

[51] Joanna Cis,Gerard Nowak,Wanda Kisiel. Antifeedant properties and chemotaxonomic implications of sesquiterpene lactones and syringin from Rhaponticum pulchrum. Biochemical Systematics and Ecology,2006,(34):862-867.

[52] 陈千良,孙文基. 裂环烯醚萜类化合物研究进展. 国外医药-植物药分册,2003,18(2):58.

[53] 郝婷,崔建玲,赵桂琴. 橄榄苦苷提取分离和药理活性的研究进展. 承德医学院学报,2010,27(1):69-72.

[54] Cristina Soler-Rivas,Juan Carlos Esp′n and Harry J Wichers. Oleuropein and related compounds. J Sci Food Agric,2000,80:1013-1023.

[55] 王成章,高彩霞,叶建中,等. HPLC 研究油橄榄叶中橄榄苦苷的含量变化规律. 林产化学与工业,2008,28(6):39-43.

[56] 党建章,黄志立,张志安,等. 橄榄叶中橄榄苦苷不同提取方法的研究. 深圳职业技术学院学报,2006,5(4):34-36.

[57] 谢普军,黄立新,张彩虹,等. 响应面法超声辅助提取优化橄榄苦苷工艺的研究. 天然产物研究与开发,2012,24:939-944.

[58] 谢普军,黄立新,张彩虹,等. 低温减压沸腾提取橄榄苦苷的工艺研究. 中国中药杂志, 2012,37(13):1946-1951.

[59] 党建章,张幸生,黄晓裕,等. D-101 大孔树脂富集橄榄叶中橄榄苦苷的研究. 中药材,2007,30(4):454-457.

[60] 邓瑞雪,刘普,袁华,等. 小叶丁香中橄榄苦苷的纯化工艺研究. 食品科学,2010,31(8):56-59.

[61] Chen Li,Yuanyuan Zheng,Xiaofei Wang,et al. Simultaneous separation and purificationof flavonoids and oleuropein from Olea europaea L. (olive) leaves using macroporous resin. J Sci Food Agric,2011,91:2826-2834.

[62] S. H. Omar. Oleuropein in olive and its pharmacological effects. Sci Pharm,2010,78:133-154.

[63] Visioli F,Poli A,Galli C. Antioxidant and other biological activities of phenols from olives and olive oil. Med Res Rev,2002,22:65-75.

[64] Visioli F,Bellosta S,Galli C. Oleuropein,the bitter principles of olives,enhances nitric oxide production by mouse macrophages. Life Sci,1998,62:541-546.

[65] Carluccio M A,Siculella L,Ancora M A,et al. Olive oil and red wine antioxidant polyphenols inhibit endothelial activation:antiatherogenic properties of mediterranean diet phytochemicals. Arterioscler Thromb Vasc Biol,2003,23:622-629.

[66] Owen R W, Giacosa A, Hull W E, Haubner R, Würtele G,

Spiegelhalder B, Bartsch H. Olive oil consumption and health: the possible role of antioxidants. Lancet Oncol, 2000, 1: 107-112.

[67] Tripoli E, Giammanco M, Tabacchi G, et al. The phenolic composition of olive oil: structure, biological activity, and beneficial effects on human health. Nutr Res Rev, 2005, 18: 98-112.

[68] Fredrickson W R, F and S Group, Inc. Method and Composition for Antiviral Therapy with Olive Leaves. U. S. Patent, 2000, 6: 117,884.

[69] Andreadou I, Sigala F, Iliodromitis E K, et al. Acute doxorubicin cardiotoxicity is successfully treated with the phytochemical oleuropein through suppression of oxidative and nitrosative stress. J Mol Cell Cardiol, 2007, 42: 549-558.

[70] Andreadou I, Iliodromitis E K, Mikros E, et al. The olive constituent oleuropein exhibits anti-ischemic, antioxidative, and hypolipidemic effects in anesthetized rabbits. J Nutr. 2006, 136: 2213-2219.

[71] Al-Azzawie H F, Alhamdani M S. Hypoglycemic and antioxidant effect of oleuropein in alloxan-diabetic rabbits. Life Sciences, 2006, 78(12): 1371-1377.

[72] Visioli F, Galli C, Galli G, Caruso D. Biological activities and metabolic fate of olive oil phenols. Eur J Lipid Sci Technol, 2002, 104: 677-684.

[73] Visioli F, Bogani P, Galli C. Healthful properties of olive oil minor components, in Olive Oil, Chemistry and Technology. Boskou D (Ed.). AOCS Press, Champaign, IL, 2006, 173-190.

[74] De la Puerta R, Dominguez MEM, Ruiz-Guttierrez V, et al. Effects of olive oil phenolics on scavenging of reactive nitrogen species and

upon nitrergic neurotransmission. Life Sci,2001,69:1213-1222.

[75] Coni E,Benedetto R,Pasquale M,et al. Protective effect of oleuropein,an olive oil biophenol,on low density lipoprotein oxidizability in rabbits. Lipids,2000,35:45-54.

[76] Manna C,Migliardi V,Golino P,et al. Oleuropein prevents oxidative myocardial injury by ischemia and reperfusion. J Nutr Biochem,2004,15:461-468.

[77] Ruíz-GutiérrezV, FranciscoJG, MaestroR. Oleuropein on lipid and fatty acid composition of rat heart. Nutrition Research,1995,15(1):37-51.

[78] E. Speroni,M. C. Guerra,A. Minghetti, et al. Oleuropein Evaluated In Vitro and In Vivo as an Antioxidant. Phytother. Res, 1998,1:S98-S100.

[79] Bisignano G,Tomaino A,Lo Cascio R,et al. On the in-vitro antimicrobial activity of oleuropein and hydroxytyrosol. J Pharm Pharmacol,1999,51:971-974.

[80] Aziz N H,Farag S F,Mousa L A,Abo-Zaid M A. Comparative antibacterial and antifungal effects of some phenolic compounds. Microbios,1998,93:43-54.

[81] Fleming H P,Walter W M Jr,Etchells L. Antimicrobial properties of oleuropein and products of its hydrolysis from green olives. Appl Microbiol,1973,26:777-782.

[82] Furneri P M,Marino A,Saija A,Ucella N,Bisignano G. In vitro antimycoplasmal activity of oleuropein. Int J Antimicrob Agents, 2002,20:293-296.

[83] Caturla N,Perez Fons L,Estepa A,Micol V. Differential effects of oleuropein,a biophenol from Olea europaea,on anionic and zwiteri-

onic phospholipid model membranes. Chem Phys Lipids, 2005, 137:2-17.

[84] Saija A, Uccella N. Olive biophenols: functional effects on human well-being. Trends Food Sci Technol, 2001, 11:357-363.

[85] Fredrickson, W R, F and S Group, Inc. Method and Composition for Antiviral Therapy with Olive Leaves. U. S. Patent. 2000, 6: 117:884.

[86] Ma S C, He Z D, Deng X L, et al. In vitro evaluation of secoiridoid glucosides from the fruits of Ligustrum lucidum as antiviral agents. Chem Pharm Bull, 2001, 49:1471-1473.

[87] Micol V, Caturla N, Pérez-Fons L, et al. The olive leaf extract exhibits antiviralactivity against viral haemorrhagic septicaemia rhabdovirus (VHSV). Antiviral Research, 2005, 66(2):129-136.

[88] Lee-Huang S, Huang P L, Zhang D W, et al. Discovery of smal l-molecule HIV-1 fusion and integrase inhibitorsoleuropein and hydroxytyrosol: Part I. Integrase inhibition. Biochemical and Biophysical Research Communications, 2007, 354(4):872-878.

[89] Zhao G Q, Yin Z F, Dong J X. Antiviral efficacy against hepatitis B virus replication of oleuropein isolated from Jaminum officinale L. var. grandiflorum. Journal of Ethnopharmacology, 2009, 125: 265-268.

[90] Hamdi H K, Castellon R. Oleuropein, a non-toxic olive iridoid, is an anti-tumor agent and cytoskeleton disruptor. Biochemical and Biophysical Research Communications, 2005, 334(3):769-778.

[91] Han J, Talorete T P, Yamada P, et al. Anti-proliferative and apoptotic effects of oleuropein and hydroxytyrosol on human breast cancer MCF-7 cells. Cytotechnology, 2009, 59: 45-53.

[92] Al-Azzawie H F, Alhamdani M S. Hypoglycemic and antioxidant effect of oleuropein in alloxan-diabetic rabbits. Life Sciences, 2006, 78(12): 1371-1377.

[93] Visioli F, Galli C. Antiatherogenic components of olive oil. Curr Atheroscler Rep, 2001, 3: 64-67.

[94] Carluccio Ma, Siculella L, Ancora Ma, et al. Olive oil and red wine antioxidant polyphenols inhibit endothelial activation: antiatherogenic properties of Mediterranean diet phytochemicals. Arterioscler Thromb Vasc Biol, 2003, 23(4): 622-629.

[95] 何小溪. 油橄榄叶提取物对 L-NAME 诱导的大鼠高血压的降压作用. 国外医药-植物药分册, 2004, (2): 78-79.

[96] Sato H, Genet C, Strehle A, et al. Anti-hyperglycemic activity of a TGR5 agonist isolated from Olea europaea. Biochemical and Biophysical Research Communications, 2007, 362(4): 793-798.

[97] Hedya Jemai, Mohamed Bouaziza, Ines Fkia. Hypolipidimic and antioxidant activities of oleuropein and its hydrolysis derivative-rich extracts from Chemlali olive leaves. Chemico-Biological Interactions, 2008, 176: 88-98.

[98] Syed Haris Omar. Cardioprotective and neuroprotective roles of oleuropein in olive. Saudi Pharmaceutical Journal, 2010, 18: 111-121.

[99] Kimura Y, Sumiyoshi M. Olive leaf extract and its main component oleuropein prevent chronic ultraviolet B radiation-induced skin damage and carcinogenesis in hairless mice. J Nutr, 2009, 139: 2079-2086.

[100] Katsiki M, Chondrogianni N, Chinou I, Rivett A J, Gonos ES. The olive constituent oleuropein exhibits proteasome stimulatory

properties in vitro and confers life span extension of human embryonic fibroblasts. Rejuvenation Res,2007,10:157-172.

[101] P. Perugini,M. Vettor,C. Rona,et al. Efficacy of oleuropein against UVB irradiation: preliminary evaluation. International Journal of Cosmetic Science,2008,30,113-120.

[102] Katsiki M,Chondrogianni N,Chinou I,et al. The olive constituent oleuropein exhibits proteasome stimulatory properties in vitro and confers life span extension of human embryonic fibroblasts. Rejuvenation Res,2007,10:157-172.

[103] Bazoti F N,Bergquist J,Markides K,et al. Noncovalent Interaction between Amyloid-β-Peptide (1-40) and Oleuropein Studied by Electrospray Ionization Mass Spectrometry. J Am Soc Mass Spectrom,2006,17:568-575.

[104] Vissers M H,Zock P L,Roodenburg A J,et al. Olive oil phenols are absorbed in humans. Journal of Nutrition,2002,132(3):409-417.

[105] Capasso R,Evidente A,Visca C. Production of hydroxytyrosol from olive oil vegetation water. Agrochimica,1994,38:165-172.

[106] Capasso R,Evidente A,Visca C,et al. Production of glucose and bioactive aglycone by chemical and enzymatic hydrolysis of purified oleuropein from Olea europaea. Appl. Biochem. Biotechnol. 1996,60:365-377.

[107] Montedoro G,Servili M,Baldioli M,et al. Simple and hydrolyzable compounds in virgin oil. 1. Their extraction,separation and quantitative and semiquantitative evaluation by HPLC. J. Agric. Food Chem. 1992,40:1571-1576.

[108] Baraldi P G,Simoni D,Manfredini S,et al. Preparation of 3,4-di-

hydroxy-1-benzeneethanol: a reinvestigation. Liebigs Ann Chem, 1983, 83: 684-686.

[109] Bovicelli P, Antoniolettia R, Mancinia S, et al. Expedient synthesis of hydroxytyrosol and its esters. Synth Commun, 2007, 37: 4245-4252.

[110] Thabèt Yangui, Sami Sayadi, Adel Gargoubi, et al. Fungicidal effect of hydroxytyrosol-rich preparations from olive mill wastewater against Verticillium dahliae. Crop Protection, 2010, 29: 1208-1213.

[111] Sonia Khoufi, Manel Hamza, Sami Sayadi. Enzymatic hydrolysis of olive wastewater for hydroxytyrosol enrichment. Bioresource Technology, 2011, 102: 9050-9058.

[112] Antonella De Leonardis, Alessandra Aretini, Gabriele Alfano, et al. Isolation of a hydroxytyrosol-rich extract from olive leaves (Olea Europaea L.) and evaluation of its antioxidant properties and bioactivity. Eur Food Res Technol, 2008, 226: 653-659.

[113] Raffaella Briante, Francesco La Cara, Ferdinando Febbraio, et al. Bioactive derivatives from oleuropein by a biotransformation on Olea europaea leaf extracts. Journal of Biotechnologym, 2002, 93: 109-119.

[114] Capasso R, Evidente A, Schivo L, et al. Antibacterail polyphenols from olive oil wastewaters. J. Appl. Bacteriol, 1995, 79: 393-398.

[115] Fernández-Bolaños J, Rodr′guez G, Rodr′guez R, et al. Production in large quantities of highly purified hydroxytyrosol from liquid-solid waste of two-phase olive oil processing or "alperujo". J Agric Food Chem, 2002, 50: 6804-6811.

[116] Baraldi P G, Simoni D, Manfredini S, et al. Preparation of 3,4-dihydroxy-1-benzeneethanol: A reinvestigation. Liebigs Ann. Chem., 1983, 83:684-686.

[117] Lucia M D, Panzella L, Pezzella A, et al. Oxidative chemistry of the natural antioxidant hydroxytyrosol: hydrogen peroxide-dependent hydroxylation and hydroxyquinone oquinone coupling pathways. Tetrahedron, 2006, 62:1273-1278.

[118] Bernini R, Mincione E, Barontini, M, et al. Convenient synthesis of hydroxytyrosol and its lipophilic derivatives from tyrosol or homovanillyl alcohol. J. Agric. Food Chem., 2008, 56: 8897-8904.

[119] Bernini R, Mincione E, Crisante F, et al. A novel use of the recyclable polymer-supported IBX: an efficient chemoselective and regioselective oxidation of phenolic compounds. The case of hydroxytyrosol derivatives. Tetrahedron Lett., 2009, 50: 1307-1310.

[120] Joray M, Breuninger M. Process for the preparation of phenolic compounds: WO, 2007009590. 2007-01-25.

[121] Breunninger M. Process for preparation of hydroxytyrosol. WO: 2008107109, 2008-12-09.

[122] 许超,高俊超,张坚,等.羟基酪醇的合成工艺研究. 精细化工, 2010, 27(12): 1209-1212.

[123] Cornwell, D. G., & Jiyan, M. (2008). Nutritional benefit of olive oil: The biological effects of hydroxytyrosol and its arylating quinone adducts. Journal of Agricultural and Food Chemistry, 56 (19): 8774-8786.

[124] A. Saija, D. Trombetta, A. Tomain, et al. 'In vitro' evaluation

of the antioxidant activity and biomembrane interaction of the plant phenols oleuropein and hydroxytyrosol. Int. J. Pharmaceut,1998,166:123-133.

[125] M H Gordon,F Paiva-Martins,M Almeida. Antioxidant activity of hydroxytyrosol acetate compared with that of other olive oil polyphenols,J. Agric. Food Chem,2001,49:2480-2485.

[126] R Briante,F La Cara,M Pia Tonziello,et al. Antioxidant activity of the main bioactive derivatives from oleuropein hydrolysis by hyperthermophilic β-glycosidase, J. Agric. Food Chem, 2001, 49:3198-3203.

[127] F Visioli,G Bellomo,C Galli. Free radical-scavenging of olive oil phenols,Biochem. Biophys. Res. Commun,1998,247:60-64.

[128] Medina E,de Castro A,Romero C,et al. Comparison of the concentrations of phenolic compounds in olive oils and other plant oils:Correlation with antimicrobial activity. Journal of Agricultural and Food Chemistry,2006,54(14):4954-4961.

[129] Brenes M,Medina E,Romero C,et al. Antimicrobial activity of olive oil. Agro Food Industry Hi-Tech,2007,18:6-8.

[130] Yangui T,Dhouib A,Rhouma A,et al. Potential of hydroxytyrosol-rich composition from olive mill wastewater as a natural disinfectant and its effect on seeds vigour response. Food Chemistry,2009,117(1):1-8.

[131] D Gong,C Geng,L Jiang,et al. Effects of hydroxytyrosol-20 on carrageenan-induced acute inflammation and hyperalgesia in rats. Phytotherapy Research,2008,23(5):646-650.

[132] Dell'Agli M,Maschi O,Galli G V,et al. Inhibition of platelet aggregation by olive oil phenols via cAMP-phosphodiesterase.

British Journal of Nutrition,2008,99(5):945-951.

[133] González-Santiago M,Martín-Bautista E,Carrero J J,et al. One-month administration of hydroxytyrosol,a phenolic antioxidant present in olive oil,to hyperlipemic rabbits improves blood lipid profile,antioxidant status and reduces atherosclerosis development. Atherosclerosis,2006,188(1):35-42.

[134] José Antonio González-Correa, María Dolores Navas, Javier Muñoz-Marín,et al. Effects of Hydroxytyrosol and Hydroxytyrosol Acetate Administration to Rats on Platelet Function Compared to Acetylsalicylic Acid. J. Agric. Food Chem. ,2008,56(17):7872-7876.

[135] Visioli F,Bellomo G,Montedoro G,et al. Low density lipoprotein oxidation is inhibited in vitro by olive oil constituents. Atherosclerosis,1995,117:25-32.

[136] Jemai H,Fki I,Bouaziz M,et al. Lipid-lowering and antioxidant effects of hydroxytyrosol and its triacetylated derivative recovered from olive tree leaves in cholesterol-fed rats. J Agric Food Chem,2008,56(8):2630-2636.

[137] González-Santiago,et al. Human absorption of a supplement containing purified hydroxytyrosol,a natural antioxidant from olive oil,and evidence for its transient association with low-density lipoproteins. Pharmacol Res,2011,61(4):364-370.

[138] Visioli F,Wolfram R,Richard D,et al. Olive phenolics increase glutathione levels in healthy volunteers. J Agric Food Chem,2009,57(5):1793-1796.

[139] Hamden K,Allouche N,Damak M,et al. Hypoglycemic and antioxidant effects of phenolic extracts and purified hydroxytyrosol

from olive mill waste in vitro and in rats. Chem Biol Interact, 2009,180(3):421-432.

[140] Zrelli H, Matsuoka M, Kitazaki S, et al. Hydroxytyrosol reduces intracellular reactive oxygen species levels in vascular endothelial cells by upregulating catalase expression through the AMPK-FOXO3a pathway. Eur J Pharmacol, 2011, 660(2/3) :275-282.

[141] Tasset I, Pontes A J, Hinojosa A J, et al. Olive oil reduces oxidative damage in a 3-nitropropionic acid-induced Huntington's disease-like rat model. Nutr Neurosci, 2011, 14(3):106-111.

[142] Fabiani R, Rosignoli P, de Bartolomeo A, et al. Oxidative DNA damage is prevented by extracts of olive oil, hydroxytyrosol, and other olive phenolic compounds in human blood mononuclear cells and HL60 cells. J Nutr, 2008, 138:1411-1416.

[143] Quiles J L, Farquharson A J, Simpson D K, et al. Olive oil phenolics: effects on DNA oxidation and redox enzyme mRNA in prostate cells. Br J Nutr, 2002, 88:225-234.

[144] Marx, J. Cancer research. Inflammation and cancer: The link grows stronger. Science, 2004, 306(5698):966-968.

[145] Corona G, Deiana M, Incani A, et al. Hydroxytyrosol inhibits the proliferation of human colon adenocarcinoma cells through inhibition of EK1/2 and cyclin D1. Molecular Nutrition and Food Research, 2009, 53(7):897-903.

[146] Fabiani R, Fuccelli R, Pieravanti F, et al. Production of hydrogen peroxide is responsible for the induction of apoptosis by hydroxytyrosol on HL60 cells. Molecular Nutrition and Food Research, 2009, 53(7):887-896.

[147] Han J, Talorete T P, Yamada P, et al. Anti-proliferative and ap-

optotic effects of oleuropein and hydroxytyrosol on human breast cancer MCF-7 cells. Cytotechnology,2009,59(1):45-53.

[148] Sirianini R, Chimento A, De Luca A, et al. Oleuropein and hydroxytyrsol inhibit MCF-7 breast cancer cell proliferation interfering with ERK1/2 activation. Molecular Nutrition and Food Research,2010,54(6):833-840.

[149] Xiao X H, Wang J X, Wang G, et al. Evaluation of vacuum microwave-assisted extraction technique for the extraction of antioxidants from plant samples. J Chromatogr A,2009,1216(51):8867-8873.

[150] Hemwimon S, Pavasant P, Shotipruk A. Microwave-assisted extraction of antioxidative anthraquinones from roots of Morinda citrifolia. Separation and Purification Technology,2007,54(1):44-50.

[151] 尉小慧,张淑霞,翟卫峰,等. RP-HPLC 同时测定不同采集地紫丁香树枝中丁香苷和橄榄苦苷的含量. 中国药学杂志,2009,44(3):176-178.

[152] J X Wang, X H Xiao, G K Li. Study of vacuum microwave-assisted extraction of polyphenolic compounds and pigment from Chinese herbs. J Chromatogr A,2008,1198-1199:45-53.

[153] Z L Ai, Y H Wang, H Wang, et al. Absorption of polyphenols from apple pomace by macroporous absorbent resins, Trans. Ch. Soc. Agric. Eng.,2007,23:245-248.

[154] J M Huang, J X Guo, W S Chen, et al. Adsorption properties and application of macroporous resin for purification of alkaloids in Aconitum kusnezoffii, Fudan Univ. J. Med. Sci.,2003,30:267-269.

[155] Y Kong, M M Yan, W Liu, et al. Preparative enrichment and separation of astragal sides from Radix Astragali extracts using macroporous resins, J. Sep. Sci, 2010, 33: 2278-2286.

[156] R Sun, K Fu, Y J Fu, et al. Preparative separation and enrichment of four taxoids from Taxus chinensis needles extracts by macroporous resin column chromatography, J. Sep. Sci., 2010, 33: 2278-2286.

[157] Yujie Fu, Yuangang Zu, Wei Liu. Optimization of luteolin separation from pigeonpea (Cajanus cajan (L.) Millsp.) leaves by macroporous resins. Journal of Chromatography A, 2006, 1137: 145-152.

[158] Capasso R, Evidente A, Avolio S, et al. A highly convenient synthesis of hydroxytyrosol and its recovery from agricultural waste waters. J. Agric. Food Chem., 1999, 47: 1745-1748.

[159] Ferdinando-Bolanos J, Rodrigufez G, Rodriguez R, et al. Production in large quantities of highly purified hydroxytyrosol from liquid-solid waste of two phase olive oil processing or Alperujo. J. Agric. Food Chem., 2002, 50: 6804-6811.

[160] Allouche N, Fki I, Sayadi S. Toward a high yield recovery of antioxidants and purified hydroxytyrosol from olive mill wastewaters. J. Agric. Food Chem., 2004, 52: 267-273.

[161] Jemai H, El Feki A, Sayadi S. Antidiabetic and antioxidant effects of hydroxytyrosol and oleuropein from olive leaves in alloxan—diabetic rats. J Agric Food Chem, 2009, 57(19): 8798-8804.

[162] Z Liu, L Sun, L Zhu, et al. Hydroxytyrosol protects retinal pigment epithelial cells from acrolein-induced oxidative stress and mitochondrial dysfunction, J Neurochem, 2007, 103(6): 2690-2700.

[163] 党建章，侯金星，黄志斌. 盐酸水解橄榄苦苷粗提物制备羟基酪醇，中药材，2011，34(6)：983-985.

[164] Guan G，Kusakabe K，Yamasaki S. Tri-potassium phosphate as a solid catalyst for biodiesel production from waste cooking oil. Fuel process. Technol. 2009，90：520-524.

[165] Park J Y，Wang Z M，Kim D K，et al. Effects of water on the esteri? cation of free fatty acids by acid catalysts. Renewable Energy，2010，35：614-618.

[166] Ting-ting Liu，Chun-hui Ma，Xiao-yu Sui. Preparation of shikonin by hydrolyzing ester derivatives using basic anion ion exchange resin as solid catalyst. Industrial Crops and Products. 2012，36：47-53.

[167] Shao-tong Jiang，Mo Liu，Li-jun Pan. Kinetic study for hydrolysis of methyl lactate catalyzed by cation-exchange resin. Journal of the Taiwan Institute of Chemical Engineers，2010，41：190-194.

[168] Chun-hui Ma，Lei Yang，Yuan-gang Zu，et al. A new approach to catalytic hydrolysis of ester-bound biphenyl cyclooctene lignans from the fruit of Schisandra chinensis Baill by ion exchange resin. Chem. Eng. Res. Des.，2012，90：1189-1196.

[169] Lan Zhang，Ping Tong，Guonan Chen. Determination of the hydrolysis rate constants and activation energy of aesculin with capillary electrophoresis end-column amperometric detection. J. Chromatogr. A. 2005，1098：194-198.

[170] 杨国志，王润秀，林源. 氧化应激对大鼠真皮成纤维细胞生物学行为的影响. 中国组织工程研究与临床康复，2007，11(32)：6428.

[171] Folch J，Lees M，Sloane Stanley G H. A simple method for the isolation and purification of total lipides from animal tissues. J.

Biol. Chem. 1957,226:497-509.

[172] Rodgers E H, Grant M H. The effect of the flavonoids, quercetin, myricetin and epicatechin on the growth and enzyme activities of MCF7 human breast cancer cells. Chemico-Biological Interactions, 1998, 116:213-228.

[173] Alia M, Ramos S, Mateos R, et al. Quercetin protects human hepatoma HepG2 against oxidative stress induced by tert-butyl hydroperoxide. Toxicology and Applied Pharmacology, 2006, 212:110-118.

[174] Halliwell B, Chirico S. Lipid peroxidation: Its mechanism, measurement, and significance. Am J Clin Nutr, 1993, 57 (suppl): 715S-725S.

[175] Martin-Mateo M C, Sanchez-Portugal M, Iglesias S, et al. Oxidative stress in chronic renal failure. Ren. Fail. 1999, 21, 155-167.

[176] Valentina Ruiz Gutierrez, Rocío de la Puerta, Angel Catalá. The effect of tyrosol, hydroxytyrosol and oleuropein on the non-enzymatic lipid peroxidation of rat liver microsomes. Molecular and Cellular Biochemistry, 2001, 217:35-41.